Bestsellers

ENZO BIAGI

IL SOLE MALATO

Viaggio nella paura dell'AIDS

ARNOLDO MONDADORI EDITORE

I edizione I libri di Biagi ottobre 1987
I edizione Bestsellers Oscar Mondadori maggio 1989

ISBN 88-04-32168-7

Questo volume è stato stampato
presso Arnoldo Mondadori Editore S.p.A.
Stabilimento Nuova Stampa - Cles (TN)
Stampato in Italia - Printed in Italy

Copertina di Ferenc Pintér

IL SOLE MALATO

«Dico che di tanta efficacia fu la qualità della pestilenza narrata nell'appiccicarsi da uno ad altro... Dalle quali cose, e da altre a queste simiglianti o maggiori, nacquero diverse paure o immaginazioni in quegli che rimanevano vivi; e tutti quanti ad un fine tiravano assai crudele, ciò era di schivare e di fuggire gli infermi e le lor cose; e così facendo, si credeva ciascuno a sé medesimo salute acquistare.»

GIOVANNI BOCCACCIO
Decameron, Giornata prima

RINGRAZIAMENTO

Voglio dire la mia gratitudine al professor Elio Guido Rondanelli, direttore dell'Istituto di clinica delle malattie infettive dell'Università di Pavia, agli aiuti e a tutti i medici del suo reparto nel Policlinico San Matteo. Senza la loro collaborazione, nel mio viaggio attorno alla paura dell'AIDS mancherebbe un capitolo fondamentale: i racconti dei malati. E desidero anche esprimere la mia ammirazione per questi dottori, e per i loro colleghi incontrati in varie parti del mondo: per quelli che cercano e per quelli che curano. Con la vita e col lavoro, stanno ridando valore alla parola «missione».

LE PORTE CHIUSE

Sulla porta è appeso un cartellino rosso. Vuol dire che in quella stanza, quasi sempre solo, e assai spesso assopito, c'è un malato di AIDS. I ricoverati non possono uscire a passeggiare nel corridoio e non si incontrano quasi mai.

Per parlare coi parenti o con gli amici c'è un box di cristallo, e un citofono. Una cosa del genere l'ho vista in una prigione americana. Non debbono entrare droga o bacilli, non ci può essere una fuga di virus.

Una normale camera di ospedale: bagno, e poi comodino, telefono, un tavolo per mangiare o per scrivere, qualche televisore. Pochi. Il silenzio un po' torpido è rotto solo dal passo dei dottori, tutti giovani, o delle infermiere, che quando servono i pasti mettono la mascherina.

Qui dentro, anche i microbi del raffreddore possono diventare un'insidia.

L'aria che si respira passa attraverso quindici filtri, l'armadietto ripostiglio è irradiato dai raggi ultravioletti e invaso dall'ozono. In un sacco giallo, autosigillato, vanno a finire i rifiuti, che passano direttamente nell'inceneritore.

Prima di entrare, indosso il camice bianco e i calzari di plastica: usa e getta. Mi lavo spesso le mani con un sapone liquido, denso e vermiglio, e le salviette sono di carta.

Il primo giorno mi sento teso, e impacciato: ho paura anche del dolore degli altri. Sono un vecchio cronista e ne ho viste tante: perfino ragazzi che, in una cella, aspettavano di salire sulla sedia elettrica, o uomini abbattuti dal plotone di esecuzione. E poi guerre, rivoluzioni, e sono stato testimone di storie di intrighi e di incubi.

Ma qui la minaccia è ingannevole, oscura, e ha l'inappellabilità delle maledizioni. Quando nel microscopio si intravvedono quei cerchietti neri, isole in movimento in piccoli laghi lattiginosi, la sentenza è fatale, e non c'è mai il messaggio improvviso e liberatorio della grazia. Almeno per ora.

Mi sgomenta anche entrare nella vita degli altri, raccogliere confessioni di peccati, che per qualcuno scatenano l'ira del Signore; non c'è solo il mistero del male, ma anche l'impietoso giudizio di molti, e l'angoscia di tutti.

E poi, nei dialoghi, come per un accordo, resta, nel fondo, qualcosa di ambiguo: solo una ragazza mi parla della morte e dello spirito, e il suo esame di coscienza, limpido e crudele, mi umilia, mi turba. Molti sono oppressi da un peso che li soffoca, ma nessuno condanna «l'altro», quello che ha passato la siringa infetta, quello dell'amore velenoso.

Ho capito qualcosa in più dei giochi del destino: i tre amici andarono a letto con la stessa donna, uno è già morto, uno non ha niente, uno aveva la gola sempre arrossata, e adesso mi sorride stancamente, mentre le gocce della flebo entrano con fatica in un braccio scheletrico.

Uno non sa nulla dell'eroina, era un marito fedele, niente avventure, non resta che l'ipotesi del dentista.

La signora grassa che è entrata in ambulatorio era disperata: aveva letto i giornali, guarda la TV, non dormiva da mesi, credeva proprio di averla.

Ha imprestato le forbicine per tagliare le unghie alla vicina di casa: lo dicono in giro che «si fa». Si è decisa: non ha perduto un chilo, non ha ghiandole gonfie, niente febbricola, spossatezza, sudori notturni che ti scivolano addosso ogni tanto, ma nella testa c'era l'ossessione, quella parola, quella malattia.

«Negativo» le dice il medico sorridendo. E lei scoppia in un pianto violento, irrefrenabile. «Si calmi,» la pregano, «se no quelli che lì fuori aspettano, chi sa a che cosa pensano.»

E l'ufficiale di marina, con la moglie comprensiva, una brunetta dai grandi occhi lucidi, che lo ascolta senza intervenire: «Sì, sono andato, una notte, con un mio marinaio, forse anche un'altra volta, mi pare, con un altro giovanotto, da studente; una goliardata», racconta senza impaccio, e mi fa venire in mente la battuta di Nelson: «Queste avventure aumentano l'autonomia della flotta»; non ha niente, stia tranquillo, se può, e la coppia se ne va a braccetto, perché comprendere, così si dice, vuol dire perdonare.

Ci si abitua, la normalità prende il sopravvento: ma non l'indifferenza. Qui dentro non ci sono vecchi: ce ne fu uno, che aveva passato gli ottanta, un omosessuale smarrito e gentile, arrivò che era quasi alla fine, chiese di andare a casa per Natale, solo quella giornata, e tornò per avviarsi all'altro mondo, senza disturbare troppo la famiglia.

Mi sono reso conto che, nel reparto, lo psicologo non è tanto necessario: il vero rapporto i ricoverati lo stabiliscono con chi li cura, e gli parla senza ingannarli: «Per adesso» spiegano «le tue difese tengono». O anche: «Il vaccino ci sarà, ma ci vorranno degli anni. Il farmaco che guarisce non esiste».

Qualcuno chiede: «Che cosa è successo?». Risposta: «Hai tante sentinelle che proteggono il tuo corpo; entra il virus, e le distrugge. Cerchiamo di tenere vive il più a lungo possibile quelle che abbiamo appena contate. Non sono proprio tante, ma bisogna incoraggiarle».

Certo, raccontano, non basta la ricerca, da tutte le parti migliaia di scienziati studiano e provano, ci vuole anche fortuna.

Proprio qui, a Pavia, insegnò Alessandro Volta che inventò la pila e scoprì il gas metano, e si chiama «volt» l'unità di misura della tensione elettrica; e Camillo Golgi che svelò certi segreti della cellula e della malaria, e fu il primo Nobel italiano della medicina, e Carlo Forlanini, che curò la tubercolosi, immobilizzando il polmone con un pneumotorace artificiale, poi il professor Adolfo Ferrata; intuì che l'anemia perniciosa si poteva forse guarire con una cura di fegato, ma lo faceva cuocere, mentre due fisiologi americani ebbero l'intuizione di usarlo crudo, e risolsero il problema.

Perché, come sempre, nel dramma, si inserisce il paradosso, o la nota involontariamente comica, o quella patetica: ma non fanno ridere i nomi dei due omosessuali che si chiamano Culetti e Ficuzza, e quei tatuaggi simbolici che spuntano, tra pigiami troppo larghi, su petti macilenti, nomi, fiori, stelle, sirene, iniziali di persone forse cancellate dalle fuggevoli esaltazioni dell'eroina, o da una sigla, HIV, che sta per «Human Immunodeficiency Virus», una resa senza possibilità di combattere, e che riassume infiniti romanzi che non contemplano il lieto fine.

Il primo colloquio è con Sergio, che si prepara per andare a casa. Vanno e vengono. Come tutti i personaggi di questi incontri, ha solo l'identità del battesimo: e in qualche caso, anche inventata.

Ho sentito una ragazzina dire, con disperazione: «Se mio padre impara che ho l'AIDS, muore di un colpo». Ma fino a quando può reggere la diagnosi caritatevole di epatite virale?

La verità anagrafica non ha importanza, e le mie domande debbono lasciare ogni possibilità di rispondere, o di tacere, e anche di mentire.

La vicenda di Sergio ha qualche aspetto equivoco, che non intendo chiarire, forse una duplicità, che è la prima ragione di lontani cedimenti e della stanchezza che lo sfinisce.

Di lui si occupa soprattutto la suocera, che lo guarda con compatimento, e lo aiuta a vestirsi. «È come una mamma» dice Sergio. Ha una faccia larga, e uno sguardo che sembra ironico: chi sa se capisce fino in fondo.

Un giorno si è accorto che qualcosa non andava: si sentiva debole, non mangiava più. Poi è scoppiata la polmonite. Parlare gli costa fatica: «Sono tranquillo» sospira. «Muore tanta gente. Mi dispiace perché ho due bambine, e Antonella è molto piccola.

«Mi hanno dato la pensione, ma vorrei fare il mio mestiere: come mio nonno, e il mio bisnonno. Da generazioni siamo macellai, e mi divertivo a stare dietro il banco, e a chiacchierare con le massaie che venivano a fare la spesa.

«Non vedo più neppure i miei amici: al mattino vado a passeggiare per i campi, ma non molto, perché mi manca il fiato. Poi guardo la televisione: mi piace la musica, e il pugilato.

«Qui, in camera con me, c'è Vittorio, ma non chiacchieriamo quasi mai, perché ha dei tagli nella lingua, e patisce. Lavora in una cascina, con un amico, che viene anche a trovarlo. Gli ha regalato una vestaglietta allegra, con sopra dipinti tanti maialini, e gli manda cesti di frutta, e piatti di formaggio.

«Non si può uscire dalla camera, e la giornata

è lunga, anche se uno cammina avanti e indietro.

«Alla sera telefono a mia moglie, la amo più di tutti, perché è buona e brava con me. Piango per la nostalgia.

«Qui in ospedale non penso, non mi viene in mente una idea; quando torno al paese, invece sì.

«La vita è tutto, la morte è brutta. L'altro giorno due, ma io non li ho visti. Chi sa che cosa accade oltre queste pareti. Sto quasi sempre sdraiato sul letto, e ogni tanto prego Santo Stefano, che è il nostro protettore. Andavo sempre in processione per la festa.

«Non so se ho fatto grandi sbagli, e non capisco perché sono finito quassù.»

Sergio rifiuta la malattia, e sta cadendo in uno stato confuso, che incide anche sulla sua lucidità. Una nebbia grigia cala sul cervello.

In qualcuno si sviluppa una specie di regressione, quasi un ritorno all'infanzia: c'è chi ha inscenato un falso suicidio perché si sentiva abbandonato.

Era un signore dalle molte avventure: aveva cominciato, da cameriere, sulle navi da crociera, e siccome lo attraevano tanto le signore come i gentiluomini, molte porte di cabina si aprivano discrete, e il nostro povero eroe non si risparmiava le fatiche amorose.

Ricordava i giorni felici di San Francisco: quante occasioni di incontri, spiagge o alberghetti senza formalità, sguardi e promesse scambiati nel frastuono accogliente dei bar, facce bruciate dal sole, o illuminate dalla luce un po' tetra del neon: giovanotti ambigui, *misses* esplicite, per lui non c'era poi tanta differenza.

Non era senza talento, suscitava simpatie, e aveva fatto carriera: si presentava come *press-agent* di una cantante assai nota, una pupona dalle vesti sgargianti e dai modi clamorosi, che non lo aveva dimenticato. Una scioccona fedele, che veniva a trovarlo; recitava, maluccio, ma con trasporto, la scena della speranza, e gli dava coraggio. Un po' di coraggio: si guardava nello specchio, e non si riconosceva.

Una mattina spalancò la finestra, e giù, per farla finita: ma tre metri non bastano. Finì sull'erba fradicia di brina, e si trascinò, per nascondersi, nello scantinato, tra le caldaie, sporco di sangue e di nafta.

Ha cercato la salvezza a Parigi; la piccola diva della canzone ha mandato tante rose, quando lo hanno sepolto in un cimiterino della Lombardia, sulla riva di un lago.

Nell'ospedale è difficile stabilire un rapporto con gli altri, e non c'è neppure l'occasione delle domeniche, le visite o la messa.

I *gay* sono i più appartati, quelli che accettano compostamente l'isolamento, e qualche volta lo desiderano. Il drogato tende a dare la colpa dei suoi guai a qualcuno: loro, invece, non accusano. «Se vuoi il dolce» mi ha detto Angelo, che non nasconde il passato, e la sua condizione «devi essere pronto a trangugiare anche l'amaro.»

Solo le mamme stanno accanto ai loro bambini; la madre di Chiara racconta, e la bimba mi fissa con uno sguardo senza senso, non sorride, non piange. Mi sembra che neppure i giochi la interessino: mangia distrattamente, e io osservo la giovane donna bionda che, dopo qualche incertezza, ha accettato di confidarsi.

È un discorso duro, di una che ha un conto aperto con l'esistenza, e magari con se stessa: «Fin che non è stata ricoverata, non sapevo neppure che cosa è l'AIDS» attacca.

«Tutto è cominciato quando aveva tre mesi: febbre alta, diarrea, perdeva peso, non cresceva. Il pediatra l'ha toccata e ha detto: linfonoduli, aveva le ghiandole ingrossate.

«Io mi bucavo, lo riconosco, ma il microbo deve averglielo attaccato suo padre. Non lo odio. Sta molto male, è sul lastrico. Lo disprezzo, non voglio saperne niente. Che sia vivo o no, non mi riguarda. Lei non crede che si possa cancellare una storia, una persona?

«Con lui era l'inferno: senza lavoro, e sempre a cercare quella roba.

«Non è all'altezza di portare avanti la bambina. Perché sono andata con uno che non amo? Per non sentirmi abbandonata, per paura di soffrire. Mi hanno detto che sta in una comunità, e che ha avuto, qualche mese fa, crisi di paranoia. Un matto: ma i suoi problemi non mi sfiorano.

«Vuole sapere perché ho cominciato: ho avuto delle occasioni. Il rischio, lo sai che cosa ti giochi, non è sufficiente per bloccarti. Gli amici che conosco stanno morendo; forse c'entra la disperazione. Io sto bene, non ho riscontrato niente.»

È graziosa, la pelle chiara, un po' pallida, ma senza un segno, non c'è alcun affanno nella sua voce, ogni tanto, con un gesto secco, butta indietro i lunghi capelli che le coprono il viso, teso, rigido, senza emozioni.

«Ho cominciato perché sono curiosa, e mi piaceva. Non perché ero sola: balle. Poche volte, così, quasi per capriccio, poi di più. Lavoravo in una fabbrica, e mi mangiavo tutto in polvere. Se andava bene, mi facevo la sera. Che liberazione.

«Lei mi osserva freddamente: perché? Forse sono cattiva, do la colpa al mio compagno, magari non è stato neppure lui, ma mi ha impedito l'aborto. Ha un senso? Sono contenta che si sbatte di me e di Chiara, sono contenta di averla, ma se non fosse nata era meglio.

«I medici mi avevano spiegato tutto, mi hanno avvertita: quanto le rimane da vivere? Va a mesi, la guardi: lei, che cosa c'entra? Lotta per niente. Mi assomiglia, vero? Parlano dell'innocenza: ha la faccia smarrita di Chiara che non sa, che non saprà mai nulla del mondo? Non diventerà mai grande, non cresce. Quei bacilli glielo impediscono. Vede come mangia? Tesoro, ancora un poco ti prego. Ma non servirà.

«Io non volevo andare in una comunità, non

amo i gruppi, i ritiri, forse neppure le regole. Ma se non mi decidevo, il tribunale me la portava via. Lo capisco che non è come gli altri bimbi, ma è la mia. No, non è nata per amore.

«Mi andrebbe bene qualsiasi lavoro, mi basta guadagnare per me e per Chiara. Ho ventisei anni e mi sembrano un secolo. Mi pare di avere già visto tutto. Quando ho preso la prima dose, ne avevo sedici. Anzi, meno.

«Ci crede o no che non mi ero accorta di essere incinta? Non avevo pancia, indossavo gli stessi pantaloni. E continuavo a farmi, ho tirato di lungo fino a poco prima di partorire.

«Un giorno mi sono decisa, e sono andata dal ginecologo. Come sempre, sola. Ho detto che volevo abortire: mi ha chiesto trecentocinquantamila lire. Neanche ladro. Poi, a un tratto, è diventato brusco: "Signora, si può rivestire".

«Questo, ho pensato, crede che non lo paghi. "Guardi, dottore, che ho i soldi", gli ho detto, e ho aperto la borsetta. E lui, incazzato: "Ma non lo sa che è di sette mesi?".

«Quando è nata, Chiara era normale. Nonostante tutto io ho fiducia, ho speranza. Dicono i medici che i bambini con questa malattia sono più affettuosi. È un po' ritardata come sviluppo fisico, ma si fa capire.

«C'era uno nella comunità che faceva finta di picchiarmi, per scherzo, è ovvio, e io urlavo: lei non lo vuole vicino, chiama tutti per nome, ma quello no. Vero, cara, che tu capisci?

«Se dovesse morire la colpa è mia. Sono io

che l'ho uccisa. Io non la volevo, ma lei poteva nascere bene. Non ci voglio mai pensare. Qualche volta, vorrei combinare qualche brutta cacchiata, ma Chiara ha bisogno di me.

«Non è vero che ci si sente subito mamma. Io no. Non la accettavo come figlia, non la portavo mai fuori, la lasciavo nel lettino, piangeva. Poi ho cominciato a pensare alle cose, e mi sono affezionata. È lei che mi ha fatto uscire dalla roba. È lei che mi fa capire quando ho torto e quando ho ragione. Mi ha insegnato anche ad amarla. Non la volevo, e lei mi chiedeva l'affetto, le coccole. Rimpiango i tempi in cui non la guardavo. Quante cose ho perdute, gettate via.

«Adesso, debbo tirare avanti. Gli amici mi abbracciano, mi baciano, ma se sapessero che sono sieropositiva, come si regolerebbero? E nei caffè, continuerebbero a darmi da bere? E quelli che si trovano nelle mie condizioni, quante possibilità hanno di venirne fuori?»

Non lo so. Dopo quel giorno, una infermiera mi dice che, se voglio, la madre di Chiara è disposta ancora a parlare. Ma io non busso più alla stanza numero 12.

Vittorio ha un aspetto gradevole: incontrava. Ci tiene ancora a presentarsi come si deve. Ha i capelli che ricordano quelli del presidente Reagan: tinti e con le onde. Ha la pelle abbronzata: lampada o sole, appena si può.

Anche lui, è un po' contradditorio: ha ascoltato una condanna, ma non gli sembra inappellabile: «Avevo un bar-tabaccheria, a Milano, dietro l'albergo Principe e Savoia; bella clientela, venivano anche molti giornalisti.

«È accaduto all'improvviso, due anni fa, di primavera. Una mattina di maggio mi sono svegliato e scottavo per la febbre.

«Mi sono alzato per andare in bagno, ho vomitato, ho aperto il rubinetto, sono svenuto, e l'acqua andava, andava. Il mio amico, che si chiama Mario, è tanto bravo, abitava di sopra, nell'altana: si è accorto di quel disastro, è corso ad aiutarmi.

«Mi ha portato dal professore M., uno che va per le spicce: "Avrai due mesi di vita", mi ha detto. "Regolati, fai quello che ti pare."

«Non so quello che mi è venuto addosso. Mai avuto macchie, intanto. Ho fatto due polmoniti, certo, sono più debole di una volta. Ma non mi abbatto.

«Guai se non avessi Mario: stiamo insieme da venticinque anni, è un ragazzo molto pulito.

«Ha venduto il locale e siamo andati in Puglia: stavo bene. Mi piacciono i campi, gli ulivi, l'aria di casa mia. Ma il mio paese è troppo lontano.

«Mario, diceva: "Cerchiamo una casetta a Cecina, in Toscana: sono posti molto belli, possiamo stare tranquilli". Mi attira anche il mare: ma mi mette dentro una certa tristezza. Specialmente l'urlo dei gabbiani.

«Ho bisogno di cure. Mario allora ha trovato una cascina da queste parti: il posto ha un nome buffo, Borgo Satollo. Molto quieto. Cammino, ho appetito. Adesso ho dei disturbi alla lingua, pensavo fosse colpa di una protesi. Invece no. Vengo qui, e mi fanno gli esami.

«Io ho quarantotto anni, Mario quattro di meno: ci facciamo compagnia. Anche se non parlo, lui capisce. Spesso conta di più quello che non si dice.

«Questo virus non so come l'ho preso. Non uscivo con nessuno: o con nessuna. Andavo con uomini o donne, preferibilmente con le signore. Niente puttane, però. Capitava anche qualche amico *gay*, lo debbo ammettere. E poi, riconoscerlo o incolparlo, perché? Fatti miei.

«Deve essere stato il brasiliano. Scuro, lucido, tanti riccioli; il nome non lo so più. Allegro, sfacciato. Fu lui che attaccò: "Ciao bel morettino, mi dai un bacio?".

«Nel locale, venivano tanti fotomodelli americani: tutti AIDS, tutti malati.

«Ho chiuso il bar, siamo saliti in macchina, e abbiamo fatto l'amore sulla strada, al buio. Io non ero uno che stava tanto a limonare, mi sbrigavo alla svelta. Subito, e via. Ma quella sera, forse è andata troppo per le lunghe.

«Il giorno dopo mi ha telefonato un'amica: "Sai, quello col quale sei andato...". Debbo ammetterlo. Lo penso con rancore: io mi sono comportato sempre bene. Mi ha fermato uno che, forse, aveva diciotto anni: "Lasciami perdere..." gli ho detto. Sono religioso, e ogni tanto prego. Come potrei rovinare dell'altra gente? Vendetta: ma contro chi?

«Non ho rapporti sessuali con nessuno. Dico

anche a Mario: "Va a farti visitare", ma lui non vuole sottoporsi a esami. Magari ha paura. Se uno sa, tutto cambia.

«Questo virus mi ha fatto passare le pene dell'inferno. In qualche momento, mi sento spacciato, e mi prende un'inquietudine, uno spavento che mi fanno piangere: tutto, attorno a me, diventa buio.

«Poi mi dico: "Che cosa ci vuoi fare? L'hai presa: e allora?".

«Ho perso mia madre quando avevo tre anni, e siamo in sei fratelli, tutti sposati. Mio padre è arrivato a ottantasei anni: nessuno gli ha raccontato quello che mi è successo; del resto, a che servirebbe? Ho sempre lavorato, come una bestia. E ora eccomi qua. La giornata in reparto è triste: mattina dottori, infermieri, prelievi: lei crede che troveranno la cura?

«Vuol sapere se ho dei rimpianti? Che domanda, scusi. Ero un ragazzo stupendo, lo dico senza orgoglio, perché è la verità. Andavo a Portofino, con la signora Anna, in Sardegna col signor Giorgio, per le regate. Che eleganza, che vita. Hanno divorziato, peccato. Ma sono sempre gentili con me: si fanno vivi, il signor Giorgio dice: "Se c'è un rimedio, da qualunque parte, fammelo sapere, vado a cercarlo in capo al mondo".

«La signora Anna, lo so per certo, è diventata l'amante di un professore. Chi sa che cosa ci trova.

«Quando ci penso, divento matto: per un cretino mi sono rovinato. Bisognerebbe sempre sapere con chi si va.

«Sono stato il partner, si dice così, di un capo della C.G.E., uno che contava, tenero, generoso: mi viziava. Cravatte, foulards, maglioni, moto, catenine, anzi catenone d'oro; quanti soldi mi dava.

«E i viaggi che abbiamo fatto; spiagge lontane, come quelle della pubblicità dei saponi, dove si poteva correre nudi, sotto le palme, sulla sabbia dorata, doveva essere così anche il paradiso terrestre; ma anche musei, concerti: avevo un registratore che mi era costato quattro milioni. Amo la musica classica: più di tutti, Bach e Mozart. "Là ci darem la mano, là ti dirò di sì."

«Mario è più realista: dobbiamo lavorare per farci una vita, diceva. Viene anche la vecchiaia: e allora?

«La nostra casa è piccola, ma carina: non ci manca nulla. Mi alzo, faccio la doccia, colazione, prendo il cane ed esco. Non posso più pedalare in bicicletta, perché la vista mi è calata, vedo sempre di meno. Ma sento gli odori: quando è appena piovuto, la mentuccia profuma l'aria.

«Perdoni se parlo a salti, mi fa anche un po' male in bocca, ma le racconto quello che mi viene in mente.

«Ricordo una bellissima donna bresciana, si chiama Luisa, è sposata. Se dico bellissima mi deve credere. Quando mi sono sentito strano, quel male di testa che non mi mollava, le ho detto: "Luisa, fatti un bel controllo".

«Mi ha dato retta, e ha portato anche sua figlia. «Luisa,» ho insistito, «dillo anche a tuo marito, è meglio.»

«Ma lei non se la sente, perché lui è molto geloso. Non capirebbe. Almeno fino a oggi, nessun problema.

«Glielo ho già detto, forse: io ho sempre preferito andare con le ragazze. Ma debbo riconoscere che anche con gli uomini non avevo molti problemi. Dicevano: "Vuoi divertirti?". E io: "Divertiamoci".

«Quanti doni mi facevano, e sempre grandi alberghi, intendiamoci: Portofino, Montecarlo. Signoroni, ma non pensi che io sono una mignotta. Sceglievo, ce la spassavamo. Lei conosce l'architetto P.? Un mascalzone. Rovinava i bambinetti, aveva tanti soldi, e pagava gli indossatori: quindici giorni, un mese, poi via, liquidati. Quanti morti.

«Io non mi davo all'avventura, perché la sera ero stanco. Il bar andava benissimo. Aprivo anche la domenica: un affare favoloso. E a un tratto ti dicono: "Due mesi da vivere, molla tutto", e allora mi sono chiesto: "Adesso che faccio?".

«Che clientela: a pochi passi, c'era l'Hotel Wilson, e da qui mi arrivavano manager, viaggiatori importanti, e quanti fotomodelli: inglesi, tedeschi, americani. Tutti biondoni. La vita non vale più nulla per me: ma una volta era bellissima. Ero tanto felice.

«Mio padre, come le ripeto, non lo ha saputo, meglio così; i miei fratelli sono stati magnifici:

"Non ti preoccupare," mi hanno detto, "ormai c'è; scegliti una bella casa, e cerca di trovare la tua pace". Le mie cognate, quando vengono a trovarmi, mi baciano.

«Avevo il complesso del peccato, ce l'ho ancora: è colpa mia, l'ho voluto io. Sono andato dal prete, e gli ho raccontato tutto. Costa fatica immergere il cuore nella candeggina.

«E il prete mi ha detto: "Non devi perseguitarti, San Paolo insegna che bisogna volersi bene", e mi ha spiegato che Gesù è stato pietoso con la Maddalena, e anche con un'altra donna svelta, e mi fa anche ridere: se tutti si mettono a lanciare la prima pietra, dice, altro che Olimpiadi.

«Viene a farmi la comunione, quando non posso andare a messa, e mi porta a spasso. Non si vergogna di me.

«Sono molto cattolico, e visito i santuari: quello della Madonna di Altomare, quello di Maria Santissima dei Misteri. Prego il Signore: "Non voglio soffrire, non farmi patire".

«Ha visto quello della stanza 5 come tribola? E ha vent'anni. Fino a oggi me la sono cavata: poco dolore.

«A chi penso di più? A mia sorella giovane, mi ama moltissimo, e prega per me. Appena mi lasciano uscire, andrò da lei: il mio amico, lo ha promesso, mi accompagna.

«Vedo sempre meno: per me, sono i medicinali. Non posso più leggere. Sa che sogno paesaggi? Mare, montagne, e mio padre che sta su una cima, immobile; ma mia sorella mi viene incontro, mi prende per mano, e mi porta su un prato rosso: tanti, tanti papaveri.

«Stanotte, invece, ho sognato Milano; c'era Mario che vendeva la casa, e mi sembrava che nevicasse. Chi sa che cosa vuol dire.

«Mi trovo bene al San Matteo, mi piacciono i dottori perché sono calmi. Il professor Rondanelli sorride, ti dà fiducia, il professor Minoli non ti imbroglia, e non fa scene: anche tu devi aiutarlo.

«Non ho conosciuto nessuno, non si può parlare con gli altri. Se esci le infermiere gridano: "Vai dentro".

«Senta, forse ho sbagliato tutto. Potevo sposarmi: due volte. Una ragazza faceva la parrucchiera per signora, l'altra la sartina. Una bionda, una bruna. Ma la seconda moglie di papà era gelosa: siamo bei figlioli, nostra madre era bellissima. Mi ha messo contro tutti.

«Avevo già pronto l'alloggio: scelti i mobili, la biancheria, io un certo buon gusto ce l'ho, e lei mi aizzava contro le fidanzate: "Lasciatelo perdere, quello lì che ha delle storie anche con gli uomini".

«Una matrigna come quelle delle favole: molto cattiva, diceva a mio padre: "I tuoi figli non devono avere niente".

«Io ho un fratello gemello, Bruno. Siamo due gocce d'acqua. Ha anche lui la mia stessa tendenza. Io me ne sono accorto quando avevo quindici, sedici anni, ma sinceramente non è stato un problema. Per Bruno, invece, era un dramma; io lo incoraggiavo:

"Bruno che cosa vuoi farci? Siamo nati così".

«L'ho esortato: "Fatti le analisi, fatti vedere". Negativo, se Dio vuole. Siamo cresciuti senza genitori: papà è morto da poco, ma non ho sentito niente.

«Bruno si era anche sposato, ha un bimbo che è una meraviglia, ma la moglie non lo voleva, e adesso sono divisi. Il bambino si chiama Rudolf, ha tredici anni e va a scuola. Chiederò ai medici se posso tenerlo un po' in campagna con me. C'è già pronta la sua cameretta.

«Bruno non ha niente: va a fare i controlli, e poi non sta con qualcuno. È buonissimo con me: se anche d'inverno mi viene voglia di ciliege, me le trova e me le porta. I gemelli sono sempre stati più affiatati.

«Sono venuto qui tante volte: due polmoniti, e molti piccoli disturbi. Io penso: o dentro o fuori. Voglio cominciare a vivere da capo. Se il mio amico, come spera, apre l'osteria, voglio dargli una mano. Non mi sono mai buttato giù. E poi: e se domani esce la cura?»

Perché no? Suda, è sfinito: «Ora basta,» dice. «Sono stanco, mi brucia anche la gola.»

Qualche volta, il male lascia un segno evidente: sono le macchie violacee del morbo di Kaposi. Uno è davanti allo specchio, o sotto la doccia, e «vede».

Qualche volta è una specie di fungo candido, lo chiamano «mughetto», che compare nella bocca: porta anche un po' di febbre. «Due anni fa» mi racconta Giovanni «si sono ingrossate le ghiandole; poi mi è venuta fuori questa roba bianca.»

È sdraiato, una tuta sportiva troppo larga rende ancora più spettrale, più fragile, la figura del malato.

Ha trentacinque anni, ne dimostra il doppio. Lavorava all'aeroporto: siringa. È, come si dice in termine tecnico, nella fase terminale. Credo fatichi anche a rendersi conto della realtà. È scivolato in una fase di delirio: con un coltello, cercava di colpire sua madre. Hanno dovuto ricorrere ai lacci di contenzione, come per i matti furiosi.

Ha avuto anche qualche guaio con la giustizia, per via delle dosi: sul braccio, disegnato coi punti d'inchiostro indelebile, c'è un indiano che perde le piume nelle pieghe cadenti della pelle. «Dove?» chiedo, indicando quell'avvilito guerriero, tatuato in qualche ora di noia. «Dentro» risponde.

Quando le forze lo aiutavano, la psicosi acuta che lo eccitava lo spingeva ad atteggiamenti teatrali: «So che ce l'ho», gridava, «ma è colpa della società».

Adesso se lo rimprovera. Le parole gli escono a fatica, mormorate come una confessione: «Ho mia madre, e un fratello appena sposato. Vengono quando possono. Diciamo: due volte la settimana.

«Sono religioso, e prego, quando mi capita. Ma le orazioni le ricordo sì e no. Il momento più brutto è quando non si riesce a dormire; è lunghissima la notte. Sogno con gli occhi aperti: paesi caldi, dove c'è il sole, la vita. La cosa che rimpiango è una sola: la salute; bisognerebbe tenerla da conto.

«Mi hanno portato qui in coma. AIDS: che debbo pensare? Ho paura della morte, come tutti.»

È distrutto. Forse anche rassegnato. Gli si è abbassata la vista, non può neppure dare un'occhiata al giornale, o alla TV. Neanche il sonno lo aiuta: si assopisce in un dormiveglia tormentoso.

«Mi dispiace per mia madre. Non ce l'ho con nessuno: tutto mi appare lontano. Chi mi ha messo nel sangue quella roba? Come si fa a dirlo dopo quindici anni? Deve essere stata una ragazza mora. Non ce l'ho con lei. Era una che accompagnavo, così. Neppure un amore, o una passione. È finita: e ho venduto tutto, i tappeti, la macchina nuova. L'avevo voluta rossa, e sportiva.

«Sa che cosa mi divertiva nel mio lavoro? Guardare le valigie che imbarcavamo sugli aerei: mi piaceva immaginare la faccia del padrone, che tipo era, che cosa faceva, dove andava. Un indovinello: qui non c'è niente da pronosticare. Tutte vicende che si assomigliano. Niente da leggere nel futuro.»

Fuori ci sono le categorie a rischio: nel reparto ce n'è una sola. Non c'è in gioco più nulla. I malati sanno tutto, o quasi. I giornali, gli opuscoli, la televisione, hanno spiegato le cause dell'infezione: gli effetti li vedono anche su se stessi. E di fronte alla sorte che li attende e che conoscono, appaiono spogliati di tutto, e nella loro verità: deboli o sprezzanti, volubili o vendicativi, quasi attratti dal virus che li fa anche più indifesi, o testardamente aggrappati all'ultima zattera. C'è dell'estremismo, o un senso della fatalità, anche nelle scelte, o nelle decisioni: donne che hanno usato la siringa fino al giorno prima del parto, coppie che, sapendo, hanno desiderato mettere al mondo un figlio. Accada quello che deve accadere.

Questo, ad esempio, che incontro al Pronto Soccorso, non ne verrà mai fuori. Continua. Gliela portavano anche in prigione.

Racconta come le guardie li picchiavano, come dividevano la merce: parti uguali, e rispettare il turno. È già stato al San Matteo: bronchite, e un male di testa che non passava mai.

Col giovane medico ha una certa confidenza: «Ho voglia di piangere» dice. «E non voglio più stare con gli altri. Anche mia madre mi dà fastidio.»

Ha una curiosa testa lunga, un po' da dirigibile, e i capelli crespi e neri contrastano ancora di più col colorito esangue.

Ripete la trama della sua breve avventura con abbandono totale; non si vuol bene, o non gli importa nulla di attrarre la comprensione degli altri.

«È arrivato il momento di tirare le somme» dice. «Mi tengo su a Valium e a eroina. Sono fuggito anche dalla comunità dei frati, a Lecce, ho tagliato la corda. Sto arrivando nel ventitreesimo compleanno: chi sa quanti ne ho davanti.

«Nella compagnia che frequentavo, caffè, football, discoteca, c'era uno che si bucava. "Proviamo a tenerlo un po' di giorni con noi", abbiamo detto. Brutta idea.

«"Perché ci sei caduto?" ogni tanto mi chiedono. Potrei dire che mio padre è scappato con una, quando ero ragazzino: avevamo un rapporto così bello che lo mandavo perfino a fare in culo, come un amico normale. La carrozzeria, dove lavoravo, mi sbatté fuori. Ma non posso dare la colpa né al papà, che forse ne aveva piene le balle della famiglia, né alla ditta.

«Cucco quel mio amico in bagno, mentre si sta facendo: "Ne ho bisogno" mi dice. "Tu non hai mai provato." Poi è arrivato con un altro, e aveva tre dosi: "L'abbiamo presa per te". Ho alzato il braccio.

«Del problema dell'AIDS ho sentito parlare in prigione. Mi hanno preso perché spacciavo. I secondini, quando avevano crisi depressive le scaricavano su di noi. Entravano nelle celle coi manganelli, al buio, e giù botte. Mi hanno rotto tre costole.»

Parla la madre: «Non si regge più, questa mattina barcolla, ha sbattuto tre volte contro l'armadio. Ha preso il Dividol fino a ieri; ma che cosa devo fare?».

Riprende il giovanotto: «Avevo una compagna, anche lei si faceva: uno pensa solo a quella cosa. Anche lei risulta sieropositiva. Non la vedo più.

«Come pagavo i fornitori, quando ero detenuto? Mi sono venduto la medaglietta con la Madonna, l'orologio, la radiolina, fregavo sulle spese. E ci davano merce tagliata. Per procurarsela, per finire all'ospedale, uno ingoiò la lametta da barba, avvolta nella stagnola. Gli fecero la lastra, e videro quell'ombra. Finì in corsia.»

Il giovane dottore ha ascoltato senza fare commenti. Una vecchia canzone, suppongo. Poi, pacatamente, guardando negli occhi il riccioletto dalla testa ad aerostato, ha detto: «Se lei non fa uno sforzo, non arriva neppure all'anno prossimo».

Il riccioletto non si è scomposto.

Entra una zingara, con la vestaglia scarlatta, e tante perline che brillano nel corsetto, e ha in braccio un bimbo biondo, grasso, simpatico, come si vedono nei «caroselli».

«Siamo quelli delle giostre» spiega. «Vladimir non mangia e ha sempre la cacarella.»

Il dottore visita, e poi sospira: «Salmonella. Bisogna lavarsi, star puliti, capito?». Ecco, penso, un microbo senza pervertimenti.

Fabio ha venticinque anni: si è «fatto» per dieci. Ha cominciato per caso, al parco: l'altro, era un bravo ragazzo, di buona famiglia. Si chiamava Francesco e suonava la chitarra. Anche i parenti di Fabio è gente come si deve: la mamma e la sorella sono, figurarsi, assistenti sociali, il padre vendeva gioielli antichi, ma adesso non fa più niente: anzi, beve.

«Francesco» racconta «non ha dovuto neppure insistere: lascia stare, gli ho detto, che mi arrangio da solo. E sono andato avanti fino a oggi.

«Mai avuto noie con la giustizia. Una volta, però, ho rischiato di essere coinvolto nell'omicidio di uno che hanno fatto fuori a forza di botte. Gli avevano portato via la macchina fotografica, e lui aveva detto: "Me la riprendo".

«Mai stato in gabbia, grazie a Dio. Ho sempre scelto: ho piantato il liceo perché volevo correre in moto: basta con gli studi, avevo trovato altri obiettivi. Ho scelto anche di pungermi: non ce l'ho con quel suonatore di chitarra, nessun sentimento particolare. Lo volevo io: mi avevano detto che l'eroina era molto buona, mi piaceva provare.

«Confermo: buona lo è, dà gradevoli sensazioni, uno sconvolgimento anche fisico: quello mentale, francamente, non è il massimo. Avevo soldi perché la vendevo: andavamo a prenderla in India, e ce ne era sempre a portata di mano.

«Mai pescato mentre spacciavo, mai avuto processi: se rifletto, forse questa è stata la mia rovina.

«Stavo con una ragazza che si chiama Elena: volevamo anche sposarci, ma non abbiamo combinato nulla, purtroppo. Anche lei è finita a Nuova Delhi, con la sorella: la sento ancora. Si è levata un po' da queste storie, e ne sono contento. Insieme facevamo dello sci nautico: alcuni momenti sono stati proprio belli.

«Due anni fa, solito caso: diarrea, ghiandole gonfie, dimagramento pazzesco. Stavo proprio male: mi sono messo con una che aveva la blenorragia, e per consolarmi me l'ha passata.

«Tre mesi fa, febbre a 38. Sono arrivato qui che non trovavano più globuli bianchi: adesso, sono tornato a quattro milioni. Ma i brividi e il termometro non mi mollano. Mi sono beccato anche un paio di epatiti: così il quadro clinico è quasi completo. Eppure non mi sembra di essere messo tanto male.

«Che cosa mi ha inguaiato? Mi sono fatto con un amico, Marzio, e una ragazza, che aveva già un fratello morto. Marzio se ne è andato proprio qui dentro: gli è scoppiato il fegato. Era una persona straordinaria, gentile, generosa.

«Conosco tutto dell'AIDS: attacca le difese immunitarie, fin che non si rimane vittima anche di un raffreddore. Tutti hanno paura, ma so che tutti dobbiamo morire. Questa storia però sa di castigo divino, come ha detto un cardinale. Non è certo un premio. Il mio peccato è il vizio.

«I rapporti coi miei si sono rinfrancati, specialmente con mia madre e mia sorella, meno con mio padre. Penso che quello che ho fatto ho fatto, e mi sta bene così. Avrei potuto divertirmi di più, che so, giocando a pallacanestro, o facendo altre cose. Adesso non c'è più tempo neppure per i rimpianti.

«Quando penso al futuro, penso che mi debbo arrangiare. Senza far nulla sono finito così.

«Non la vedo poi tanto male: spero che questo virus si risolva; tutto sommato, ho la speranza di guarire.

«In clinica me la passo: ho la TV, sento musica, sto leggendo *L'arte di amare* di Fromm; al pomeriggio vengono la mamma e mia sorella e mi fanno compagnia, di mattino dormo sempre un po' perché sono stanco. La notte è tranquilla: non ho incubi. Sogno in genere belle cose: di stare con la mia donna, o coi genitori, di andare al mare. Ho avuto anche visioni premonitrici: quando ero in comunità, ho sognato di finire in ospedale, ed eccomi qui. Ho qualche rimorso: di non avere condotto una vita come forse avrei voluto. È un grosso peso.

«Ogni tanto vedo la ragazza del numero 9, e quella che è rientrata al 4. Stava male come un cavallo, è andata a farsi, poi è ritornata. Io non tocco più un ago: ma basterà?»

Negli ospiti non c'è, almeno all'apparenza, il senso del terrore: piuttosto della rassegnazione. Anche nei casi più avvilenti, si scarta la previsione tragica: in qualunque momento potrebbero scoprire il vaccino. Non è stato così per la tubercolosi o per la polio? Anche la morte è un avvenimento nascosto: chi va a casa, si sa, non è mai guarito. La via del ritorno è quasi sempre segnata. Ma nessuno, né i medici né i ricoverati, si arrende.

Vorrei adesso parlare di Linda. Sono un campionario di ricordi: nel mio archivio si accumulano centinaia di fatti, protagonisti, emozioni. Linda, con quel volto affilato, pallido, due occhi che sono, appena velati di pianto, un lago di tenerezza, col suo coraggio, e la forza per guardarsi dentro, penso che non la cancellerò mai.

Ho conosciuto poche persone della sua moralità: non si nasconde dietro gli alibi, o le ineluttabili circostanze; si spoglia di ogni difesa, accetta fino in fondo la sua parte e i suoi errori. L'ho ascoltata senza mai interromperla: per rispetto, e per paura di compromettermi coi sentimenti. Avrei voluto abbracciarla.

«È un po' ridicolo: quello che mi ha portato qua è la droga. Ed ero impiegata in una Unità Sanitaria, come assistente sociale. Ho interpretato con qualche eccesso il mio ruolo: mi sono messa con un ragazzo tossicomane, e ho cominciato a darci dentro forte. Avevo ventiquattro anni.

«Per curiosità, non mi sembrava di avere un problema: lui era già perduto, e io cercavo di aiutarlo. Abbiamo continuato fin che siamo stati insieme: sono passati sei o sette Natali. Una esistenza che ci ammazzava: fatiche, strapazzi, umiliazioni.

«Nell'estate del 1983 sono scoppiati i linfonodi: non si capiva neanche che erano cisti: dodici mesi dopo mi hanno detto che si trattava di quello. Da allora niente più buchi, perché sto male. Cerco di curarmi e adesso sono in crisi di salute. Per questo sono venuta da Genova a Pavia. Non ti danno la speranza ma tentano di farti star meglio.

«Con quel ragazzo, Marco, è finito tutto disastrosamente: perché lui ha bisogno di avere accanto una persona che lo tenga su, e ne ha trovata una giovane e piena di soldi, è successo un anno e mezzo fa. È fortunato.»

Sorride.

«E mi ha stroncata. Da allora, sono peggiorata. I dispiaceri non fanno bene a nessuno. Mi fa pena, perché vedo anche lui mezzo morto, non si cura neppure. Anche la sua nuova compagna è drogata.

«Abbiamo avuto momenti felici, ma c'era sempre un continuo affanno a cercar quattrini, con l'incubo di soffrire: anche se siamo pieni di roba, domani mattina che cosa facciamo?

«Era un rapporto strano, il nostro. Non credevo così violento: quando mi ha lasciata, volevo ammazzare tutti. Quella polvere ti trasforma: si è più portati, se si ha un tormento, a sfogarlo, sia amore oppure odio.

«Dell'AIDS, me lo hanno detto malissimo: avevano mandato i miei esami a Parigi; la risposta è arrivata sei mesi dopo.

«Ero incinta, e pensavo di tenere il bambino, mi ha cercato prima il mio medico, per avvertirmi che il primario dell'ospedale dove ero ricoverata voleva parlarmi. Telefono, e loro mi dicono: dobbiamo vederla, e io: ma sono gravida, e loro: per carità, venga venga.

«Non si sapeva bene di che cosa si trattava, dicevano imbarazzati, ma era meglio interrompere la maternità. In quel momento ero più dispiaciuta per l'aborto che per il male; non avevo più la possibilità di avere figli. Penso di averlo preso senz'altro con la siringa: eravamo tutti pieni di ghiandole.

«Marco, poverino, è stato coinvolto a diciott'anni, è entrato nel traffico di stupefacenti, e si è preso subito tre o quattro anni di carcere. Si è rovinato, ed è difficile quando esci trovare la normalità, il lavoro. L'avevo conosciuto quando eravamo ragazzini, e poi l'ho rincontrato per caso, dopo un sacco di tempo.

«Aveva una mentalità che mi andava bene, abbastanza tranquillo, e io sono sempre agitata. Tutte le persone mi criticavano, e io stessa mi sentivo diversa, e lui mi diceva: "Ma no, sei tu normale", e mi dava un po' di sicurezza. Ero circondata da gente nevrotica.

«Mia madre mi mette addosso un'ansia tremenda, mio fratello non si fa mai vedere, è mia cognata che cerca di aiutarmi, e mi viene a trovare.

«Ci stavo pensando l'altro giorno: sono riuscita a distaccarmi da un mucchio di cose, da questo ragazzo, dalla campagna, dalla casa dove andavo. Questa notte ho avuto un incubo: per il cane. Marco me lo ha portato via, ed era di tutti e due. Perdevo il cane e urlavo, urlavo, mi sentivo urlare. È l'ultimo legame dal quale mi sono separata.

«Faccio dei sogni strani: c'è un cavallo che è già apparso nelle mie notti, è simpaticissimo, un po' pazzo, abbastanza allegro: stavolta voleva andare in un appartamento, saliva le scale voltandosi indietro e ridendo.

«Ho paura della sofferenza fisica, non sopporterei una tribolazione lunga e pesante. L'incertezza mi fa soffrire: speriamo non ci sia di peggio, ho sempre timore del peggio.

«In senso lato sono religiosa. Prego Gesù Cristo, di solito. Non frequento mai la chiesa.

«Mi è rimasto qualche amico: sono stata io a escluderne qualcuno; mi scocciava dover telefonare: "Sono all'ospedale".

«Le giornate sono sempre uguali: entrano per una cosa, poi escono: il mangiare, l'acqua, l'iniezione. Dormo molto. Non mi voglio distrarre adesso che sono presa da altri problemi: niente televisione, niente letture. Devo affrontare eventualmente la morte, spero il più tardi possibile, però...»

Piange. Silenzio.

«Mi piace la natura, gli animali, certe forme d'arte. L'altra sera c'era il temporale e guardavo gli alberi che si muovevano. Quelle ombre nere mi attraevano. Gli uccelli invece mi spaventano.

«Non ho rancori, non ho rimpianti: mi sembra di aver vissuto abbastanza.

«Quando ero ragazzina pensavo alla rivoluzione, ma non avevo fatto una scelta; ho passato gli anni con la certezza che stava per scoppiare la guerra, e mi domandavo: ma come fanno a non accorgersene gli altri? Avevo simpatia per i pacifisti.

«I giorni, invece, sono passati: non ho programmi a lungo termine. Mi piacerebbe poter vivere ancora qualche bella giornata. Un viaggetto, se fosse possibile: mi ero trovata bene anche in Marocco, il mio posto delle fragole, dove vorrei ritornare, ma ho paura, guai a rivedere i luoghi dove si è stati felici; perché c'ero stata con Marco; oppure l'isola di Stromboli, un po' fuori dal mondo, o in Turchia, ad esempio, non la conosco.

«Non rifarei tante cose, starei più tranquilla. Mio padre è morto quando ero piccola, ma lo ricordo benissimo, e mi è mancato tanto.

«Non si pensa mai alla morte, e ci si arriva impreparati, magari legati a tanti interessi terreni, con stati d'animo cattivi. Voglio essere serena, distaccata; comunque, tutti dovrebbero rifletterci un po' di più. Da un giorno all'altro può succedere.

«Io credo nella reincarnazione: penso sia una fortuna nascere uomini perché si ha la possibilità di raggiungere il cielo, Dio, di liberarsi completamente, però c'è anche una specie di purgatorio, e bisognerebbe affrontarlo con un po' più di riguardo, non come ho fatto io. Ho sprecato qualcosa.»

Il medico mi dice: «Non arriverà alla fine dell'estate».

Rina è sposata, ha una figlia: Valentina, che ha poco più di quattro anni. La bimba non ha niente; lei e il marito sono positivi.

«Il mio matrimonio» racconta «è felice. Abbastanza. Ho cominciato nove anni fa, e per diverse volte ho smesso. Ho cercato di tirar fuori una persona, invece quella ha spinto dentro me. Anche mio marito si faceva: non sapevo che usava eroina, l'ho scoperto dopo che ero rimasta gravida, e allora ci siamo sposati.

«Lui sta benissimo, ingrassa, ma neanche io ho la febbre. Sono dimagrita, ma ho subìto tre interventi. Mi hanno detto che le analisi vanno bene.

«So che cosa è l'AIDS, purtroppo. Ho paura, più per mia figlia, anche se hanno detto che non c'è nessun pericolo: l'hanno visitata, hanno fatto le prove, e posso essere tranquilla per tutta la vita.

«Le precauzioni le uso tutte, e mio marito anche. La piccola va all'asilo, mio marito è un commerciante ambulante, io gestisco una lavanderia, e poi i miei genitori mi aiutano. Per i soldi, nessuna preoccupazione.

«Da quando sono qui, l'idea della droga non mi passa per la testa, ma ho tentato tante volte e ci sono ricaduta. Mi vengono a cercare. Arrivano anche nei piccoli paesi, e girano davanti a casa. Una dose quarantamila lire; ce ne vogliono in un giorno anche due o tre. Mi sono venduta tutto: automobile, oro. L'unica cosa, non mi sono mai prostituita. Non ci sono riuscita ad andare con uno mai visto prima, lungo una strada; eppure anche le mie amiche dicevano così, e poi lo fanno.

«Mi odiano tutti dalle mie parti perché non li frequento: li saluto e basta. Non mi aspetto niente dagli altri.

«Quando l'ho saputo, era il giorno del mio compleanno: prima ho aperto la busta della bambina: negativa, poi la mia. Il medico mi ha detto le cautele che dovevo prendere con la bimba e con mio marito.

«L'ho conosciuto al veglione di Capodanno, come quella persona che mi ha fatto cominciare; il 31 dicembre mi porta sfortuna. Mi piaceva quell'uomo, e volevo salvarlo. Una volta ha rubato un'auto per venire a trovarmi: quando è uscito dalla prigione, è corso subito da me. Poi non l'ho più visto.

«In certi momenti lo odio, ma non mi ha obbligato. Voleva che diventassi come lui. Non mi ha costretta. Due anni dopo, ho incontrato il giovanotto che ho sposato: è più giovane di me, io trentasei, lui trentuno. Dopo un po' che ci conoscevamo, mi ha detto che anche lui si bucava: siamo stati un po' bravi, poi ci siamo ripiombati tutti e due.

«Vorrei poter vivere per mia figlia; devo continuare a curarmi per anni e anni. Ho già tentato una volta di farla finita, ma la bambina è troppo affezionata a me. Non la merito. Dovrei farcela. Se potessi tornare indietro...

«Domenica ho visto la bimba dalla finestra. Giocava in giardino. Si è accorta di me, mi chiamava, voleva che scendessi e piangeva.

«"Cattiva" gridava. Ma come fai a spiegarle che non si può?

«Molta gente ha tentato di approfittare di me, e ho dovuto denunciarla. Quando smettevo mi minacciavano. Mi hanno spaccato la macchina nella rimessa, un'altra volta volevano soldi. Telefonavano, sempre voci diverse.

«La giornata è bruttissima, non passa mai, leggo i settimanali illustrati, e guardo la televisione. Penso a tante cose che non si possono spiegare. Spero di andarmene fuori presto.

«C'è stato un uomo nella mia vita, che ho lasciato dopo sette anni. Mi voleva bene, e non valeva la pena che io lo piantassi per quello che mi ha poi avviata alla droga.

«Ci siamo ritrovati dopo qualche mese a Milano, per caso; mi ha visto, ma non si è neppure fermato. È conosciuto, ed è sposato. Forse mi disprezza. È il migliore di tutti, mi amava, ma ho sciupato anche quello. Mi portava in America, in Canada, abbiamo girato tutto il mondo. Era un momento bellissimo, felice. Non credo sappia di me. Ma serve a qualcosa ricordare con tristezza? Devo andare a casa, perché ho tanti impegni.»

Il dottore deve essere anche prete, anche psicologo: ha a disposizione più parole che medicamenti, deve più ascoltare che dire. Ha accettato di combattere una lotta senza risultati, e con le mani legate: ormai, riesce a fare le diagnosi anche senza i prelievi, e i doppi controlli.

Quegli sfinimenti, quelle gambe troppo sottili, la bilancia inesorabile, la prostrazione, quei colpi di tosse secchi, già, forse l'aria condizionata, fanno parte di un quadro ormai risaputo. Cerca solo di guadagnare un altro giorno, un giorno dopo l'altro, di rimediare a un nuovo attacco; è una corsa con un traguardo che non si riesce a vedere. Accompagna il suo malato nella traversata del deserto.

Di notte, quando i parenti se ne sono andati, e le luci si attenuano nel corridoio vuoto, e anche il turno delle infermiere è ridotto, sdraiato senza spogliarsi nel lettino del medico di guardia, riflette sui suoi «casi»: non ha mai la gioia di dire: «Vai pure, e non pensarci più». Sa che dovranno tornare.

È faticoso anche accogliere le confidenze degli altri, entrare con discrezione, senza sentirsi giudici, nei segreti di una vita: «La mia» dice con ironia la signora che deve essere stata bella «non è poi tanto lunga: trentaquattro appena compiuti. Dicevano le adultere di una volta, quelle che avevano avuto un'avventura: è un romanzo a puntate, il mio.

«Sono insegnante di inglese: non sono sposata, e ho un bambino di quattro anni e mezzo. Guardi la mia cartella clinica: da dieci, tossicodipendente. Da sei mesi, no. Non temo di cadere in tentazione. Vengo da una comunità.

«Andiamo con ordine: l'inizio. La spiegazione può sembrare banale, ma è andata proprio così. Ho cominciato all'università, per delusioni politiche e sentimentali, forse più di tutto affettive.

«C'era un'amica che frequentavo da tempo: faceva uso di sostanze stupefacenti leggere e pesanti, ma non è lei la corruttrice: sapevo quello che facevo, ero cresciutella, e a solo sei mesi dall'iniziazione risale il primo tentativo di smettere.

«Quanti insuccessi clamorosi: una pausa breve, poi ricominciavo. Ricoveri, cliniche private, metadone. Quando aspettavo mio figlio sono riuscita a non farmi, e anche mentre lo allattavo, poi ci sono stati problemi col padre, eravamo già in crisi prima che nascesse, e ho ripreso. Il bimbo è sano, il papà non ha a che fare con la droga.

«Lui, invece, è musicodipendente: la musica viene prima di ogni altra cosa, anche di me. Sono sempre delusa da tutto e da tutti: ma c'è anche chi è stato fregato da me. La mia famiglia, ad esempio: dovevo essere come volevano loro, soddisfare le aspettative, ma io mi sono stancata di accontentarli. Avevano un modello di figlia in cui mi riconoscevo: a un certo punto ho detto basta. Ma non so se ho scelto io, perché sono anche volubile.

«Gli uomini nella mia vita hanno un ruolo complementare; sono sempre stata abbastanza indipendente. Ho cercato anch'io un compagno, con qualche fallimento: o erano più giovani o con più problemi, e spesso meno costruiti di me. Ho avuto molte amicizie, con momenti sporadici di gioia, forse perché sono una persona abbastanza incostante. Ho ricevuto più affetto che amore.

«Sono arrivata qui la prima volta nel 1985: esami, ricovero, esito abbastanza tranquillizzante. Qualche mese fa, stavo in Francia, ricovero in clinica per disturbi ginecologici, ma con i tipici sintomi dell'AIDS: febbriciattola, dolori accentuati.

«Non sono sgomenta: se penso che devo morire, pazienza. Per anni e anni, mi sono ammazzata un po' tutti i giorni. Ma sono ingrassata di dieci chili, sto bene.

«Mi sono allontanata dal mio paese, ma non ho difficoltà ad ambientarmi altrove: parlo inglese, francese, spagnolo e un po' di tedesco. Il bambino sta un po' con me un po' col papà. Ho un solo cruccio: quando mi vede in ospedale. Mio figlio non sa nulla della mia vicenda con l'eroina. Tutto quello che sto facendo è per lui, e adesso un po' anche per me.

«Ho guardato per un attimo fuori: che tristezza, e che rabbia. Un enorme grigiore. Ora mi considero utile, a me e agli altri. Ho accanto persone che stanno peggio: imparo la rassegnazione. Il giorno che posso andarmene con mio figlio non mi interessano più le evasioni di prima. Soffocavo per la grande noia, la grande solitudine, era una ricerca continua per colmare quel vuoto con una sostanza che è come la benzina per la macchina.

«Ho ritrovato il contatto con le cose semplici: passeggiare, raccogliere i fiori, so stare un'ora davanti a un albero, o a osservare un formicaio. Prima andavo sempre alla ricerca di non so che cosa: avevo il più, e mi mancava l'essenziale, o la capacità di accontentarmi.

«Forse ho vinto una battaglia; la guerra sarà ancora lunga, con delle emozioni, alti e bassi, che però sono vere.

«Ho voglia di una vacanza al mare con il mio bimbo, voglia di cose banali: raccogliere le conchiglie, costruire castelli di sabbia.

«Se mi volto indietro, mi sembra di non riconoscermi: mi sono procurata soldi in tutti i modi, vendendo, rubando, non vendendomi, non prostituendomi, ma accettando compromessi spregevoli per arrivare a un certo scopo, insomma ho conosciuto la strada, e il dramma del drogato, fino in fondo. Non sono finita in galera: fortuna.

«Non rimpiango niente: ma sì, non voglio bluffare, ma sì, un amore. Colpa mia: sono pentita, l'ho lasciato, e dopo un anno che stava male per me, e io ero ancora innamorata, l'ho ancora cercato, ma non mi ha voluta più.

«È rimasto l'Amore con la maiuscola. Ci sentiamo ogni tanto: anche lui è appassionato di musica, segno dei Pesci, anche il terzo rapporto importante. Io sono Acquario.

«Ho alcuni progetti, ma una decisione non l'ho ancora presa. Se riesco ad avere mio figlio, può darsi che mi decida a restare nella comunità a lungo. Mi è sempre piaciuto viaggiare, conoscere civiltà, culture, amo lo sport. Non mi sento più sola, posso anche fermarmi.

«Penso che l'AIDS non ci voleva nella mia storia. Ha provocato una caccia alle streghe. Credo ci sia stata anche una speculazione sui test per gli esami. Mi auguro che la scienza ce la faccia, e molto presto. Suppongo di essermi ammalata facendomi, ma le siringhe degli altri non le uso, ho adoperato magari più volte la nuova, si sarà sporcata, e ho già avuto anche l'epatite.

«Non sono religiosa: ho un mio modo di credere, ma in questo momento non so in che cosa. L'ora più brutta è il dopopranzo perché mi intorpidisco; prima era la notte, ma ora dormo e mi sveglio riposata.

«Le sembrerà strano, ma ho il rammarico di non avere fatto la danzatrice classica: mia madre litigò con una insegnante per via di un tutù, e non sono più andata a scuola. Poteva cambiare qualcosa? Ho continuato a ballare davanti alla TV, quando c'era uno spettacolo.

«Non so se sono mai stata felice, perché non so cos'è la felicità. Non so neppure se esiste l'infelicità assoluta. Mi piacerebbe innamorarmi ancora, ma vorrei che fosse una cosa molto bella.

«La morte? Non la immagino. Ho avuto molti collassi: mi svegliavo a un tratto in una corsia, uscivo dal buio, ma non ho mai avuto la sensazione di tornare alla vita. Non mi fa paura: mi fa paura il dolore. Ora, chissà perché, ho l'illusione di avere più forza, più spinta dentro di me.»

Nei colloqui avverti, ed è normale, l'inquietudine per il futuro, o il desiderio di allontanarlo dai pensieri, ma c'è anche diffidenza, od ostilità per la realtà, per il mondo di fuori. Non è poi arrogante quel cartello che ordina: «La porta deve stare costantemente chiusa». La stanza silenziosa isola, separa, ma protegge.

C'è una ragazza arrivata da una comunità del Belgio; probabilmente l'aveva infettata un amico spagnolo: poco più di vent'anni tutti e due. Hanno dovuto toglierle un occhio, contagiava la testa, poi l'hanno mandata a casa. I parenti avevano vergogna, non si doveva sapere, e l'hanno nascosta in cantina. Non volevano che gli altri inquilini del condominio la vedessero. Di notte, l'hanno poi fatta salire silenziosamente sull'ascensore.

Quando la situazione si è aggravata, ha chiesto di ritornare al San Matteo. «Preferisco stare qui» ha detto.

È molto sola: non ha voluto vedere nessuno.

C'è invece chi si tiene su con la vendetta, come quel drogato che se ne è andato dicendo: «Io esco. Hanno fatto male a me, e io lo restituisco agli altri. Tutte me le faccio».

C'è la studentessa che si è ripresa, l'hanno dimessa, ma può trasmettere il virus, perché ha bisogno di far quattrini per comperare le cartine, e va alla trattoria dove si fermano i camionisti: «Non posso dirgli di mettere il preservativo,» spiega, «altrimenti mi prendono per una puttana e scappano».

E c'è anche chi rifiuta la malattia: come il pasticciere che era stato in Brasile e in America. Anche cinquanta rapporti sessuali al giorno, ma non conosceva i suoi partner, e che cosa poteva raccontare? Del resto, il cervello non sempre funziona: a venti anni, può soffrire già degli annebbiamenti di chi ne ha ottanta: «Non ho nulla,» insisteva, «qualche linea di temperatura e poco appetito: ma c'è proprio bisogno di stare qui?».

Lo direste che Carmine deve lottare con l'HIV? Baffetti curati, vestaglia di seta, capelli grigi, faccia abbronzata. È militare di carriera, sergente, e vive a Roma. Ogni tanto chiede una licenza: i suoi camerati, suppongo, pensano che vada a spassarsela, invece prende il treno per Pavia. Ha il pudore della sua condizione, e cerca di nascondersi anche dietro le parole.

«Mi hanno indirizzato a questa clinica. Dicono che sono i più bravi, i più attrezzati. Non ho disturbi che mi diano proprio tanto fastidio. Facendo le analisi, hanno trovato che sono sieropositivo, portatore sano, come si dice. Me lo hanno comunicato direttamente, ma è un sistema che apprezzo. Le cose mie preferisco saperle subito, e senza intermediari.

«È duro. Mi ha preso lo sconforto, e mi sono venuti in mente tanti pensieri brutti. Ma in un modo o in un altro bisogna pure tirare avanti, e nella fede trovo un po' di coraggio. Non ero preparato a questa prova.

«Non sono un eroe. Avevo bisogno di un lavoro, e ho scelto la vita del soldato: presto an cora servizio. Ascoltando la radio, guardando la televisione, ho sentito tanti discorsi sull'AIDS, e ho pensato di fare il test. Ora so che ce l'ho, e cerco di comportarmi in modo che non se ne accorgano, ma prendo tutte le precauzioni per chi mi sta attorno.

«Sono solo, e per fortuna scapolo. Ho mamma, fratelli e sorelle, e non sanno nulla.

«Invece di prendere le ferie, vengo in ospedale, con la speranza di stare meglio domani.

«Chi è senza peccato? Chi non ha qualcosa da rimproverarsi? Non identifico nessuno come colpevole dei miei guai. Non posso prendermela con gli altri: bisogna, in ogni caso, essere in due.

«Prego molto: tutti i santi, a tutti chiedo, se è possibile, una soluzione di questa malattia. Ho paura più che altro della sofferenza.

«Sto in una stanza con un altro signore: molto discreto, molto riservato. Bisogna parlare, non puoi chiuderti dentro di te. Ma non c'è nulla da dire. Leggiamo.

«Ci trattano benissimo, sono gente in gamba, che ti dà soddisfazione. Ti spiegano, ti ascoltano.

«Ma ti senti solo: le cose belle, purtroppo, si dimenticano, il male no. Resta, e pesa. Mi piace vivere, voglio vivere, ci metto tutte le mie forze. Amo tutto: cinema, teatro, viaggiare, la musica; mi piace tutto.

«Forse, se mi fossi sposato, non mi troverei in questa situazione, ma la fortuna, o la cattiva sorte, decidono. Ho amici che mi stanno vicino, ma non sanno quello che mi sta accadendo. Sono un po' egoista, e temo che mi abbandonino.

«Quando mi sento disperato, recito le orazioni, e questo mi dà pace. Anche l'atto di dolore. Non so come è accaduto: forse il mio comportamento, il mio modo di affrontare la vita. Quando esco e me ne vado, mi rimane dentro un senso di sconforto: ma niente si perde. Forse l'esperienza è i nostri errori.»

Sbagli o fatalità? Il poliziotto della Mobile di Verona conosce una bionda tenera e accogliente, e ci va a letto. Niente di straordinario, in fondo. La donna è allegra e senza pregiudizi, non fa questione di pelle. Ci sono molti militari negri nelle basi NATO, e spendono con generosità: c'è la nostalgia, la giovinezza, e dalle loro parti, per un'avventura con una bianca così cordiale, si corre qualche pericolo.

Il poliziotto non sa che la ragazza è portatrice sana, forse non lo sa neppure la povera «lucciola».

Quando lo ricoverano è allo stadio finale, e se ne rende conto. Chiede: «Lasciatemi tornare in Sicilia a morire».

Claudio, invece, ha il rimorso di chi il virus lo ha diffuso. Fa una radiografia impietosa, e forse anche liberatrice, della sua avventura. «Ho avuto una polmonite, e prima una febbriciattola che non va mai via, e poi una dermatite al viso. Ho fatto le analisi e mi hanno detto che sì, ci sono.

«La incuriosisce quel tatuaggio: è di molto tempo fa, a Roma. Sono del Leone: inutilmente. Non vinco, non mi impongo. Ma da tre anni e mezzo, niente ago.

«Facevo il postino in un'agenzia privata. Non è gran che per uno che ha frequentato il liceo scientifico, e tentato l'università, sia pure con scarsi risultati. Non sanno che sono malato.

«Laura è la mia sfortunata ragazza: glielo ho attaccato. Ha avuto dei linfonoduli. Studia lettere moderne.

«Qualche problema familiare: mia madre è morta quando avevo dieci anni, mio padre si è risposato, ma non è stato un matrimonio felice. Litigavano di continuo, e la situazione in casa era esplosiva. Andavo sempre in giro perché stavo male, e non mi piaceva quel clima. Ho un fratello più piccolo.

«Il mio amico più caro, Giulio, aveva iniziato da poco con l'eroina: per incoscienza dell'età, mi ha quasi perseguitato, avevo anche rotto con Laura, e le volevo tanto bene, c'era in più una crisi di identità. Ti cerchi, e non ti riconosci.

«Ho cominciato in una stanza, di fronte alla stazione Tiburtina, si vedevano partire i treni: Giulio ha aperto un cassetto, e c'erano già due siringhe pronte.

«Avevo paura di morire. Mi sono sdraiato su un letto, ero stordito, sudavo tanto, ma non soffrivo. Mi buttava giù ma mi aiutava. All'inizio è come un innamoramento, e col tempo la droga sostituisce tutto. Avevo voglia magari di strozzare papà e Linda, sua moglie, e dopo la dose mi calmavo: niente più problemi.

«Mi facevo tanto, tre grammi al giorno; sono andato da mio padre e gli ho detto: "Aiutami". Dopo la clinica, seguendo il consiglio degli esperti, mi ha buttato fuori di casa. Poi ho continuato per cinque anni. Adesso non ci penso nemmeno.

«Ho già avuto l'epatite: l'AIDS è arrivato quando finalmente mi sentivo una persona felice. L'antivigilia di Natale mi hanno detto che sono sieropositivo. Ho pensato che era meglio che mi continuassi a fare: smettere non mi aveva reso gran che. E poi l'angoscia. A Pasqua, altra conferma.

«Provo una nuova medicina: da quando la prendo sopporto di più la fatica.

«Laura non fa parte di nessuna categoria a rischio: i suoi genitori mi odiavano già prima, adesso sarebbero lieti di cancellarmi dalla faccia della terra. Posso anche capirli. Laura non mi ha mai rimproverato: sono qui da oltre un mese, ed è venuta ogni giorno a trovarmi.

«Vedo il mondo ingiusto: io cerco di metterci tanto ottimismo, ma capiti qui per farti vedere e ti informano che non hai più i globuli rossi, nessuno mi ha mai detto però che la situazione è grave.

«Del medicamento sperimentale ci sono le dosi solo per me: se Laura ne avrà bisogno io smetto; Laura ha una linfoadenopatia diffusa.

«Il professore mi ha avvertito: "Tu non hai niente da perdere". Se guardo al futuro lo vedo incerto, incasinato. Prima ho detto "basta", e ho intravvisto un po' di luce; adesso non dipende più da me.

«Ho paura di morire, prima di tutto. E mi pesa molto la storia di Laura. La sera, quando stavo a letto, pregavo: "Gesù Cristo, pensaci tu", e gli raccomandavo la mia donna, poi ho smesso, perché mi sembra abbastanza irrazionale scaricarmi delle disgrazie, e al miracolo non ci penso più.

«Non voglio commiserarmi, ma mi è andata sempre di traverso. In ogni caso, è filata ogni volta nel senso sbagliato. Sono stato soldato in Libano; quando sono tornato, avevo dieci milioni in tasca. Allegri: mi sono comperata una maledizione.

«Noi facciamo l'amore molto raramente, usiamo il profilattico, poi la schiuma spermicida, e a cose fatte diciamo: meglio lasciar perdere, perché il sesso così è umiliante, è una pratica.

«Laura non è d'accordo: lei è un tipo caldo, abbastanza sensuale, forse ha più bisogni fisici, non l'ho mai sentita dire: "Non ce la faccio più".

«Non so se il nostro rapporto peggiorerà col tempo: mancano tutte quelle cose che rendono bello un legame, le effusioni, gli abbandoni, ma forse le voglio bene anche di più.»

La zia di Claudio ascolta la confessione, e si lascia sfuggire un commento: «Così deboli, così fragili. Cucciolo mio».

Claudio forse non la sente: «Non ho tempo per pensare alle cose futili, alle stronzate. Cosa importa se il vento rovina la tapparella? Magari non la vedo più. Fumo: lo so che non mi giova, ma non posso rinunciare a tutto. Non mi sento un fallito, o un irrealizzato: non sono riuscito a costruire molto, ma in fondo ho solo ventotto anni. Ho fatto tanti errori, ma ho cercato di venirne fuori.

«Non ho astio nei confronti di Giulio: so che sta benissimo, non si fa più, si sposerà. Sono anni che non ci vediamo: l'eroina rovina anche l'amicizia.

«L'AIDS è un cancro che ti uccide più velocemente, una strada senza uscita. Uno di AIDS muore quando glielo dicono. Spendo molti soldi: ma che, me li debbo portare nella tomba? Ho bisogno che me lo dica il professor Minoli come va a finire? Quando leggo i giornali mi rendo conto che faccio parte di quella metà che ancora non ha chiuso. Non c'è che da aspettare.

«E poi, come muori? Li ho visti, non è che non lo so. Il pensiero di dover arrivare a pesare trenta chili, galleggiando in un letto, mi ossessiona. Spero che trovino qualcosa prima. Sono onesto, e le dico quello che sento: mi debbo tenere il male dentro. E poi è triste essere trattati come uno che ha la peste.»

In clinica, tutti si fanno la diagnosi da soli, ma cercano anche qualche ragione per la speranza: «Non c'è» dicono, ripetendo il discorso del medico, «una evoluzione a senso unico». Ma aggiungono anche: non esiste alcuna possibilità di ritornare indietro. Con l'AIDS bisogna convivere. Non abbiamo il farmaco o il vaccino che risolve: si tratta di chiudere man mano i fori che si aprono nella diga.

Salvatore sembra uscito da un racconto di Brancati: un po' *Don Giovanni in Sicilia,* un po' *Il bell'Antonio,* il grottesco nel melodramma, il sesso che diventa una ossessione e una condanna. Come dicono, si è «fatto onore con le donne», e non ammetterà mai di essere caduto in qualche concessione a richiami non confessabili. Salvatore dice e non dice, e lascia un po' nel vago la incostante direzione della sua esuberanza.

«Facevo il rappresentante, vivevo a Torino: nel 1975 sono rimasto vedovo con due bambini, ho viaggiato molto in Italia. Poi mi trasferii in Sicilia, in un paesino sull'Etna. La gente non è molto simpatica laggiù, mi guardavano con una certa ostilità, forse perché avevo ancora l'aspetto e le maniere di uno del nord.

«Vendevo pentole a pressione e tegami, e andavo a fare dimostrazioni nelle famiglie. Cose da pazzi: donne sposate, donne coi figli, si spogliavano e mi si buttavano addosso. Scappare, forse? Ho il sospetto che sia stata una di loro: la mia nuova moglie è sana, la bambina anche, immagino sia un rapporto recente.

«Una sera a Busto Arsizio sono andato con una ragazza: mi aveva chiesto un passaggio fino a Legnano, e abbiamo fatto l'amore in macchina. Lei mi dice: come mai tante avventure, tanto successo. Io le dico: che non so, una propensione, incontravo.

«Qualche volta, lo ammetto, mi è andata anche buca: ne carico due che conosco in un bar, e a un bel momento, a un brutto momento, quella che sedeva dietro mi punta una pistola alla testa, e ordina: "Fermati là, sotto gli alberi, e fai come ti sto dicendo. Altrimenti sei morto". E sì signori, mi hanno preso tutto.

«Che cosa mi sarà mai successo? A Catania

andai a letto con una divorziata. Sulla cinquantina. Bianca, immensa, con due occhi ardenti. Sembrava una belva. Che sia stata lei?

«Il professor Moroni mi ha detto: "Venga nel mio studio". Sono andato: "Si sieda. Lei ha avuto contatti con l'AIDS". Io l'ho fissato, muto, e non lo vedevo; mi scendevano le lacrime. Ho una bimba di otto mesi.

«Ho anche un figlio grande, e lo consiglio: "Stai attento quando vai con le ragazze".

«Avrò sbagliato a Torino; mi invitarono a una festa curiosa, tutte coppie. Io ero vedovo; c'era una signora, ci spogliammo tutti. Una grande confusione: venivano a letto anche i mariti. Non voglio pensarci.

«Debbo ammetterlo: ho avuto storie con uomini quando ero militare a Vercelli. A noi giovanetti gli omosessuali facevano il filo. E dei regalini. Chi sa.

«Mi sento strano, mi sento come in un sogno. Non ho più la gioia di vivere: mi piaceva ballare il liscio, le allegre compagnie. Mi hanno detto che la malattia è molto grave. Non so nemmeno quanto dura la cura. Mi piacerebbe avere i figli sistemati. Non so se potrò riprendere il mio lavoro; giravo per i paesi a vendere casalinghi. Mi piace perché si fanno tante conoscenze.

«Non ho mai avuto trasfusioni di sangue. Ci ho pensato: una volta il barbiere mi ha pizzicato, mi ha punto l'orecchio. Può essere?

«Ho saputo che al massimo uno può vivere due o tre anni; se uno arriva all'estremo, allora cercherà una soluzione per raggiungere gli antenati.»

Attorno al virus si sono scatenate le ossessioni: dove l'ho preso? Come dirlo, e a chi? Che fare, allora? Il piccolo industriale non aveva nessun elemento per dire: ho l'AIDS. Nessun sintomo, ma una specie di predisposizione mentale, e una paura folle di morire. «Se ce l'ho» diceva «sono spacciato.» Ce l'ha; lo hanno rimesso in sesto e rimandato a casa. Hanno fatto venire anche il suo amico: positivo.

Una ragazzina di sedici anni dice al dottore: «Se lo sono io è un problema grosso. Ho fatto l'amore con uno più vecchio, un ragazzo di diciotto anni che si droga. Ma poi sono andata con altri cinque».

Si scambiavano la stessa compagna. Alcuni si sono presentati per il controllo; due non hanno avuto il coraggio.

Eppure bisogna dirglielo: passo una mattinata nell'ambulatorio. C'è ressa: si comincia alle nove, si finisce nel primo pomeriggio.

È un giovanottino smarrito, con la maglietta con su scritto: Université de Paris. Ascolta, ma come se si parlasse di un altro. Il dottore prende un certificato dal mazzo, dà un'occhiata e poi dice: «Mettiti comodo». La voce è pacata, sono parole che ha usato chi sa quante altre volte, ma non le recita come una litania: gli pesano.

«HIV positivo. Puoi trasmetterlo col sangue, o col rapporto sessuale. Col cotone e l'alcool, ricordalo, il virus muore. Fai venire la tua ragazza per il controllo. La sieropositività, purtroppo, non scomparirà mai. È più facile andare incontro alla malattia se continui a bucarti.»

Dice il giovanottino: «Da venti giorni ho smesso; voglio vivere».

Il dottore non parla.

La signorina dal pullover giallo. Ha un'aria tranquilla, normale.

«Mi manca il fiato, tutte le sere i brividi: 37 e 2, 37 e 3. Il fegato mi fa un po' male. Da un anno e due mesi non mi buco.»

Dottore: «Tenga duro. Ci abbiamo messo una pezza».

La bionda lo dice subito: «Sono tossico, e mio marito è portatore sano». Si fa una volta ogni tanto, quando capita. No, lei è completamente negativa, e la bambina anche.

Dottore: «Stia attenta nei rapporti sessuali».

Bionda: «Qualche volta sì, qualche volta no».

Dottore: «Come, usa la siringa sterile, perché no il preservativo?».

Il ragazzetto che è venuto per la visita di controllo è abbastanza soddisfatto. Dottore: «Per ora tieni. Ritorna però fra tre mesi, e ricorda bene quello che ti ho detto».

Il signore coi baffetti che viaggia tanto per affari. Va spesso in America, e una notte, beh, nessuno è perfetto. Ha portato anche la moglie. Dottore: «Niente, tutto a posto. E anche lei, signora».

Il signore coi baffetti non si controlla. Le lacrime, qualche volta, lavano anche dentro. La sposa lo consola, e gli dà il fazzoletto perché si asciughi: c'è tanta gente in sala d'aspetto.

Il pacchetto dei responsi cala, ma c'è anche chi non va a ritirarli, chi non vuole sapere. Il giovanotto napoletano, invece, accetta la diagnosi con rassegnazione: «Già ero abbastanza preparato» dice.

Il test conferma, ha macchie sulle mani da un anno. «Se sanguinano,» avverte il dottore, «adoperi il batuffolo con l'alcool. Lei può contagiare, usi il profilattico.»

La ragazza dai capelli rossi è rassegnata: «Si pensa sempre che capiti agli altri, non ci ho dato importanza. Non abbiamo mai presa nessuna precauzione; era più importante far l'amore senza intrighi, così come veniva. Ci avevano talmente spaventati, ma non me ne importava: volevo condividere la sua sorte, dargli una prova. Sono malata. Otto chili di meno. Ho paura e tanta, ma non è detto che uno debba morire per forza. Forse non rifarei quello che ho fatto. Anche lui è qui dentro. Quando ha saputo si è messo a piangere. "La colpa è mia" si dispera. Ma perché? Il futuro? Boh. Non capisco più nulla. Finisca come Dio vuole».

IL SOLE MALATO

La malattia si chiama AIDS; è la sintesi di *A*cquired *I*mmune *D*eficiency *S*yndrome. I francesi, che hanno la mania di invertire le sigle (la NATO diventa OTAN, l'SDI si trasforma in IDS), preferiscono battezzarla SIDA.

Coi dati immessi nel calcolatore elettronico si ottiene una strana immagine del microorganismo: che affascina e ripugna. Sembra un sole malato, di uno sfolgorante rosso arancione, con degli aculei che spuntano come raggi minacciosi.

Ha già colpito forse cinque, forse dieci milioni di persone; e a Parigi ha ispirato una canzone che dice: «Male del secolo, malattia d'amore».

Su questo pianeta vivono oltre cinque miliardi di individui: raccolti nelle megalopoli e che, con gli aerei, raggiungono in poche ore i più lontani luoghi della terra.

Un tempo le grandi epidemie, sifilide e colera, venivano diffuse dagli eserciti, o dai marinai e dai mercanti, che ritornavano dalle invasioni e dai traffici. Oggi il contagio minaccia soprattutto chi si abbandona a comportamenti rischiosi: gli stupefacenti o i rapporti omosessuali, ma il ministro della Sanità inglese ha lanciato un avviso anche ai *businessmen:* «Stiano bene attenti coloro che viaggiano per affari, che vanno in luoghi esotici. Portino con sé la moglie o un buon libro da leggere a letto».

Hanno inventato parecchie definizioni, e tutte suggerite dallo spavento o dal ribrezzo: la peste del Duemila, il Settimo flagello della storia; si parte da cinquecento anni prima della nascita di Cristo, quando ad Atene un morbo mise in ginocchio una intera civiltà.

L'AIDS semina affanno e solitudine. Un malato, che sente arrivare la fine, si confida con un prete: «Il grottesco è che se uno ha un infarto, o anche un tumore, ne può parlare a tutti, e tutti ne parlano, e gli amici lo vanno a trovare, a fargli compagnia.

«Di questa disgrazia, invece, bisogna tacere. Il terrore è nell'aria; sono un appestato, un lebbroso, anzi una carogna. Se si venisse a sapere, in tutto il condominio ci sarebbe la psicosi del contagio.

«So che il mio itinerario è breve e io mi sento, in questo enorme caseggiato, come un clandestino a bordo. Dici che dopo, quando tutti sapranno la verità, mi malediranno?»

«Sembra di essere ritornati ai giorni di Sodoma e Gomorra», lamenta un sacerdote che si dedica agli infermi. Infatti il vecchio arcivescovo di Genova, il cardinale Siri, proclamava: «L'AIDS è il castigo di Dio. I peccati capitali avanzano nel mondo. In risposta, il Signore ci manda l'AIDS».

Ma Madre Teresa di Calcutta apre a Manhattan un ospedale per i colpiti, e i vescovi della Francia spiegano che Gesù ha accolto tutti i malati, e il Dio che preghiamo ogni giorno non è un sadico, e non vuole la sofferenza e la morte dell'uomo.

Nell'antica teologia giudaico-cristiana, racconta un moralista, il sangue è parte della vita, il sesso sorgente d'amore, lo sperma principio di fecondità: e questi sono i maggiori veicoli per trasmettere il morbo.

Del resto, secondo un documento del sinodo di York, almeno venti preti anglicani sono stati colpiti dall'AIDS, e la causa è la pederastia. Oltre quattrocento pastori risultano iscritti all'associazione dei *gay* cristiani. Dice il reverendo Tony Highton, senza gridare allo scandalo: «Non vogliamo cacciarli. Bisogna espellere invece chi non si lascerà aiutare».

Cha fare, allora? «Il contagio non sarà fermato col caucciù», predica Höffner, l'arcivescovo di Colonia. Ma un pastore evangelico, il reverendo Titchener, nella sua piccola chiesa californiana, distribuisce ai fedeli ostie e preservativi. Anche tra gli ecclesiastici c'è tanta confusione. Forse avremo una maggiore castità; ma è una virtù che nasce dal terrore.

E il panico incoraggia il sospetto e le condanne: in Asia contro i bianchi, in Europa contro gli africani, e poi, ovunque, contro gli invertiti, le prostitute, gli emofiliaci, tutti quelli, insomma, che possono essere dei portatori.

A Tokio, nei bagni dove vengono praticati speciali massaggi, o nei bar dove fanciulle gentili intrattengono gli ospiti con le raffinate attenzioni dell'Oriente, si moltiplicano i cartelli con la scritta: «Solo per giapponesi». Questo attivissimo popolo è il più grande consumatore di «condom», di contraccettivi.

C'è chi propone subito dei rimedi: negli Stati Uniti, Lyndon La Rouche vedrebbe con simpatia l'istituzione di ghetti da impiantare nella sconfinata Arizona.

L'idea piace a Jean-Marie Le Pen, leader della destra francese; che sfida anche gli oppositori: «Si iniettino la saliva di un affetto da SIDA,» dice «così mi dimostreranno almeno di essere coraggiosi».

A Cuba risultano già passati ai fatti: cento persone contaminate sono state chiuse in un edificio, proprio come i delinquenti. L'Islanda sta attrezzando, allo scopo, un vecchio albergo ora in disuso. Ma è più liberale: i ricoverati potranno andare al lavoro, però sotto scorta.

C'è anche chi ha suggerito, in Scozia, e la proposta ha trovato favorevole accoglienza tra alcuni medici della Germania ovest, di tatuare, in un posto discreto, ma evidente in caso di intimità, i sieropositivi. Una stella gialla sul petto, nel Reich di Hitler, distingueva gli ebrei.

Certo è difficile conciliare la dignità umana e la sicurezza sociale: ma il lager, il campo di concentramento, non è un rimedio, specialmente ora che la calamità minaccia, con una progressione drammatica, anche gli eterosessuali. C'è in Francia chi ha consigliato di sottoporre al test i candidati alla presidenza della Repubblica, per evitare di vederli morire poco dopo l'elezione.

Negli USA lo *screening* è in funzione per oltre due milioni di militari, in Cina per gli studenti stranieri, nel Belgio per quelli che arrivano dal Terzo Mondo, in Francia è obbligatorio per chi richiede la licenza di matrimonio.

Tutti cercano di difendersi, e rievocano i tristi fasti della sifilide. È il 1493. Sono tornate le caravelle di Cristoforo Colombo. Dalle terre sognate, l'ammiraglio porta con sé il tabacco, il granturco, le patate, i pomodori perché, oltre l'Oceano, vi sono «grandissime campagne coltivate, miele, molte specie di uccelli, e frutti diversissimi».

Ma i naviganti non si godono poi tanto quei tesori e le gioie del trionfo: la febbre li debilita, la pelle, pure provata dalla salsedine e dal sole, si squama, le ghiandole si gonfiano. Hanno addosso dei germi sconosciuti, un male che prenderà il nome da Sifilo, un pastorello dispettoso, nato dalla fantasia di un poeta, che ha provocato l'ira di Apollo, e il dio lo ha punito mettendogli nel sangue una buone dose di «spirocheta pallida».

Qualcuno dice che quei batteri circolavano già in Europa, sia pure allo stato latente, ma i ragazzoni del capitano genovese, che hanno approfittato degli indigeni, maschi e femmine, nudi e innocenti, scambiando doni ed effusioni, provvedono a incrementarli.

Come per l'AIDS, la storia non si ripete ma si assomiglia, e nessuno vuole la responsabilità del disastro: per gli italiani la sifilide è il «mal francese», per i francesi «la malattia di Napoli», per i turchi la responsabilità del guaio è ovviamente dei cristiani.

Le analogie tra l'HIV (Human Immunodeficiency Virus) e il *Treponema pallidum* non sono poche: nel secolo XV i veicoli erano la guerra, le esplorazioni e il commercio; oggi il turismo, orientato magari verso i «paradisi del piacere», come Haiti, allegro rifugio dei *gay*, offre tante occasioni, e anche le emigrazioni di molta gente di colore che va a cercare una esistenza migliore.

William H. Mc Neill, che ha studiato questo fenomeno, pensa che «le caratteristiche di propagazione e i modelli di diffusione sono abbastanza simili, e le risposte degli scienziati saranno abbastanza parallele».

C'è sempre di mezzo il traviamento e la debolezza della carne; ma nel Rinascimento nessuno considerava la lue una punizione divina: il godimento, la voluttà avevano qualche volta un prezzo assai alto, e tutti lo dovevano pagare. Girolamo Fracastoro, medico in Verona, nel 1546 aveva descritto come avveniva il fattaccio: «È necessario che due corpi si riscaldino insieme, come avviene nel coito».

In meno di vent'anni, venticinque milioni di europei furono coinvolti in questa avventura, che non rispettava né i ruoli né le classi sociali.

A Londra chiusero i bagni pubblici, che erano diventati veri e propri casini, a Venezia, meno ipocriti, sbarrarono le porte degli espliciti bordelli, a Aberdeen, in Scozia, il consiglio municipale propose di marchiare sulle guance e con ferro rovente le «donne leggere» sorprese nell'esercizio della loro sempre apprezzata professione. Come si vede, ci risiamo.

«Il bacillo della peste non muore né scompare mai» conferma Albert Camus, e un detto popolare, ben noto ai giocatori del lotto, commenta: «Paura fa novanta».

E l'epidemia, che costituisce un pericolo, latente o palese, ma incombente, conduce le vittime all'esclusione, alla sorveglianza, alla perdita della libertà.

I lebbrosi del Vangelo si annunciano con un campanello al collo, che allontana i passanti, e gridano la loro impurità; se alla fine del Seicento una città è colpita dall'insidia, si dividono i quartieri, si fissano regole di convivenza, si puniscono i trasgressori, ogni strada ha un controllore che sorveglia uomini e cose. E per i folli, o per gli incurabili, ci sono i manicomi e i lazzaretti: al pericolo nascosto si risponde con l'ordine.

Ancora oggi la tubercolosi provoca tre milioni e mezzo di vittime: venti furono quelle dell'influenza «spagnola», alla fine della prima guerra mondiale.

Spesso la sventura si identifica con le masse, e con la miseria, e per il popolo diventa una prova a cui la Provvidenza sottopone i miseri e i peccatori. Cos'è la visione angosciosa di don Rodrigo, il malvagio dei *Promessi Sposi?* «Eran tutti visi gialli, distrutti, con cert'occhi incantati, abbacinati, con le labbra spenzolate; tutta gente con certi vestiti che cascavano a pezzi; e da' rotti si vedevano macchie e bubboni». Niente di nuovo.

E c'è sempre uno scambio di germi tra i paesi: Colombo scopre l'America e la sifilide, e ricambia gli americani col vaiolo, la febbre gialla, la malaria, e i poveri maya, gli aztechi e gli incas, oltre alle spingarde di Cortés e dei conquistatori, debbono affrontare anche sconosciute infezioni.

Sono attribuiti a Maometto questi consigli: «Quando vieni a sapere che un paese è colpito da una malattia epidemica non andarci; ma se la malattia scoppia nel paese dove ti trovi, non lasciarlo».

Anche il «morbo gallico» diffonde, come l'AIDS, uno spavento sottile, incombente, che non risparmia né i potenti né i geni: tra le prime testimonianze di artisti, quella di Benvenuto Cellini che racconta di essere stato contagiato da «una brava servetta». Anche il tubercolotico Guido Gozzano aveva una certa predilezione per «l'amore delle cameriste».

Albrecht Dürer, in un autoritratto che lo rappresenta nudo, disegna con minuzia un testicolo colpito da fibrosi sifilitica. È la tabe che spinge alla demenza Guy de Maupassant: «E allora ho la sifilide! La verá! La grande sifilide, quella di cui è morto Francesco I».

E poi, basta leggere il *Journal* dei Goncourt: c'è la descrizione della miseria fisica, degli inevitabili dolori. Se ne andranno i due fratelli ancora giovani, e anche Baudelaire, Daudet, Manet. E spesso al declino si accompagna la demenza: «Mamma, dammi il sole», grida Osvaldo, celebre luetico, negli *Spettri* di Ibsen. Ed è la paralisi alle ossa che il marito attacca alla romanziera danese Karen Blixen che si rifugia negli incanti dell'Africa, il male dei tristi eroi dei romanzi ungheresi degli Anni Trenta, che affrontano col revolver la disperazione.

«Se dovete annunciare a un paziente che è contagiato,» consigliavano ai loro allievi gli specialisti in malattie veneree «fatelo al mattino. Preso dagli impegni della giornata, sarà meno tentato dal suicidio.»

La sifilide ispira il terrore, e Julien Green racconta di una sorella giovinetta che quando leggeva *Bubu de Montparnasse* di Charles-Louis Philippe (siamo in argomento: è la vicenda di una infelice prostituta costretta dalla perfidia del protettore a mollare un tenero innamorato) per paura di infettarsi si metteva i guanti. E un medico, lo sprovveduto dottor Tissot, sosteneva che ci si poteva inguaiare anche masturbandosi.

A quei tempi, come adesso, pochi i rimedi: il mercurio dopo e, soprattutto, come prevenzione, il dispositivo chiamato col nome di un clinico inglese, mister Condom. I posteri lo ricordano e ringraziano. Poi, per fortuna, arrivano gli antibiotici.

Pare che, a proposito dell'attrezzo, ci sia qualche precedente: i romani avrebbero usato vesciche di capra, come proponeva del resto un macellaio del Medioevo. Gli intestini ciechi di agnelli, vitelli, pecore, eccetera, venivano trasformati, dalla praticità anglosassone, in «mantelli inglesi»; a richiesta la pellicina protettiva poteva essere tagliata su misura per le esigenze di un gentleman.

Alla fine dell'Ottocento, la trovata del dottor Condom è assai apprezzata in Gran Bretagna, con soddisfazione dei produttori dell'aggeggio. E in un foglietto pubblicitario si legge: «Mercato internazionale per le guaine: grossi ordini provenienti dalla Francia, Spagna, Portogallo e Italia. Fra i clienti, ambasciatori stranieri, galantuomini e capitani di marina».

Ma la cucitura longitudinale, assai ruvida, provoca qualche inconveniente durante l'esercizio: è il benemerito signor Goodyear che vulcanizza la gomma, e va incontro alle giuste esigenze dei compratori.

L'anatomista Gabriele Falloppio (1564), gloria italiana, faceva infilare sul glande un sacchetto di lino, annullando in un colpo rischio e diletto; ma bisogna accontentarsi.

Come antifecondativo, è nel Settecento che la membrana salvatrice fa il suo ingresso in società; e tra i consumatori più assidui c'è, ovviamente, Giacomo Casanova, che usa «la pelle morta», sempre che la dama gli assicuri che, nonostante quell'impedimento, trova il reputato amatore «completamente all'altezza».

L'igienista Paolo Mantegazza, citatissimo al tempo delle «case chiuse», considera però l'aggeggio: «Scudo contro il piacere, velo contro il male», ma non pare ci sia in giro, almeno per il momento, qualcosa di meglio.

In America, alcuni spot propagandistici ne esaltano le benemerenze e l'uso: il figlio di Reagan ne sbandiera uno in TV, un cantante assai popolare, Ruben Blades, lo fa indossare a una banana.

Un manifesto mostra una borsetta femminile da cui escono rossetto, pettine, rubrica telefonica, chiavi, fazzoletto, e due *condom* e lo slogan invita: «Non uscire senza i tuoi gommini».

In un documentario girato con intenzioni didattiche, e destinato agli studenti delle scuole superiori, la giovane attrice Rae Dawn Chong, esorta: «Credetemi, è meglio provare un po' di imbarazzo all'inizio del rapporto che rischiare di prendere una malattia che potrebbe uccidervi».

E la stilista Katherine Namnett ha presentato dei pantaloncini provvisti di taschino con chiusura lampo da destinarsi a una prudenziale scorta di preservativi.

In parecchi alberghi inglesi, vogliono evitare al cliente anche il possibile imbarazzo: col consueto libro della Bibbia, può trovare nel comodino anche una scatoletta dei ben noti palloncini. Così il piacere è sicuro, anche se un po' ritardato.

Il governo presenta in televisione un cortometraggio che, alla prima impressione, fa venire in mente qualche impresa subacquea: da un gorgoglìo di un liquido schiumoso emerge una specie di trapano ad aria compressa, che fa un buco in un mattone sul quale un invisibile scalpellino incide le lettere AIDS, e il laterizio si trasforma in una pietra tombale, sulla quale cadono, come una pioggia, dei fiori, mentre una voce che non annuncia niente di buono dice: «Don't die of ignorance» (Non morite per ignoranza).

Si chiama Hatù la marca più diffusa in Italia: apparteniamo al mondo classico, e i fondatori della ditta si ispirano a un motto latino, «*Ha*bemus *tu*torem». Siamo a posto: c'è chi ci protegge.

In Svizzera, non risparmiano le informazioni anche nel telegiornale che viene trasmesso prima di cena. Lo speaker ha maneggiato con scioltezza un «guanto di Parigi», piazzandolo non proprio nel posto giusto, ma sul dito medio e spiegando: «Questo piccolo oggetto può decidere della vita e della morte, e su questa verità non differiscono né le interpretazioni critiche, né quelle estetiche, né quelle morali».

A Zurigo, in un locale dove si danno convegno gli omosessuali, per ogni bicchiere di birra consumato viene dato in regalo un profilattico. Ai turisti, è lanciato un avvertimento: «Teneteli in valigia. Le vacanze in un posto esotico non devono finire con una malattia esotica».

I giovani, in farmacia, lo chiedono con la naturalezza con la quale si domanda l'aspirina, ma anche questo rimedio provoca qualche problema morale; un lettore tedesco che ha scritto ad «AZ», propone questa cinica soluzione: «Il ministro Rita Suessmuth raccomanda: usate i preservativi per l'atto sessuale. Il vescovo esorta: pregate invece di fare l'amore. Un compromesso: mentre scopiamo preghiamo che il preservativo non si rompa». Come sempre, la delizia dell'amore e la libertà sessuale si associano all'ansia o alla vergogna.

Nei paesi scandinavi, i pericoli vengono presentati con chiarezza pedagogica, e magari col sostegno del linguaggio plebeo.

Sui quotidiani di Copenaghen sono comparse intere pagine che riproducevano Vesterbro, il malfamato quartiere dei divertimenti. La scritta assai esplicita diceva: «Qui si può ricevere ben più di una *sveltina*».

Nelle inserzioni pubblicitarie, una «ragazza venticinquenne, sola, di temperamento appassionato, è disposta a conoscere amante ardente. Ma a causa dell'AIDS, si richiede l'uso dei preservativi».

Ancora più realistici, e nello stesso tempo fantasiosi, i norvegesi: sui periodici domina un pene in atteggiamento baldanzoso, con le braccia aperte, come quelle di un tuffatore che sta per lanciarsi; avvertenza: «Pensaci, prima di gettarti nei divertimenti».

L'agguato può nascondersi dovunque, con effetti che non si possono immaginare. Il dottor Michael Koch, primario a Karlsborg, ha raccontato le tristi gesta di un giovane infetto che, d'estate, partendo con la sua motocicletta dal nord della Svezia, si fermava ovunque ci fosse un posto per campeggiare e abbordava accondiscendenti ragazze che non sospettavano di nulla.

Quando lo hanno scoperto, ha confessato che il suo comportamento era voluto, perché fregato lui, non gliene importava niente del prossimo. «Gli effetti di questa spoletta a scoppio ritardato» ha commentato il dottor Koch «si possono paragonare perfettamente a quelli di Cernobyl».

Il problema della sicurezza, del sesso senza inconvenienti, ha impegnato anche grandi personaggi del tempo che fu. La grande Caterina, ad esempio, pure in questo campo diede prova di notevoli intuizioni.

Per proteggersi da incaute effusioni con giovani e belli ufficiali della guardia, con ardenti boiardi e devoti e servizievoli cortigiani, la zarina si serviva, per un preventivo collaudo, delle sue dame d'onore. Se dopo sei mesi le compiacenti signore non denunciavano alcun disturbo, il candidato al lettone col baldacchino veniva convocato per il disbrigo della pratica.

Ma né ieri né oggi le regge sono isole felici. Alla Corte di San Giacomo, la terribile sindrome di questi giorni ha ucciso Stephen Barry, il valletto personale di Sua Altezza il principe Carlo, erede al trono.

Stephen serviva la colazione al giovin signore di Buckingham Palace, provvedeva alla biancheria e agli abiti, ed esercitava anche ruoli più impegnativi: un po' amico, un po' segretario, un po' ruffiano.

Lo accompagnava nei viaggi, scommetteva per lui sui cavalli, gli riferiva i pettegolezzi del jet-set o quelli delle cucine. Non era, il buon Stephen, un esempio di castigatezza: aveva le mossette, la psicologia, e purtroppo anche qualche abitudine dei *gay*.

Ma alla Corte di San Giacomo per le vicende più o meno sentimentali c'è molta comprensione: la nonna Vittoria, si è saputo poi, mentre imponeva la virtù ai sudditi, trescava con un massiccio e taciturno addetto alle scuderie, zia Margaret ha avuto i suoi chiacchierati trascorsi, e per gli omosessuali, vuoi tra i fedeli del Palazzo, vuoi tra gli emergenti dell'*establishement,* c'è sempre stata molta tolleranza.

Quasi tutte le grandi spie, per fare un caso, appartenevano al Foreign Office e al clan degli epigoni di Oscar Wilde, per finire poi ricattati o agli ordini del KGB.

Per dieci anni il paggio Stephen Barry ha ricordato a Carlo d'Inghilterra gli impegni della giornata: partite di polo, sfilate di reggimenti, inaugurazioni di mostre canine o patrocinio di conferenze sulla protezione della natura; e mentre scrosciava l'acqua del bagno, gli riassumeva fedelmente le notizie del giorno.

Ma Stephen aveva anche una vita privata, con smodate concessioni agli amplessi: dopo la sua morte, ben sei valletti hanno chiesto una rasserenante visita di controllo.

Prima di andarsene in America, ha scritto il consueto libro di memorie: nessuno è un grande uomo neppure per l'impareggiabile Stephen, ma pare che chiudendo gli occhi per sempre abbia sospirato con una infermiera: «Rivorrei la mia livrea». Ancora una conferma che la vocazione del servo esiste.

E dopo il devoto famiglio, che aveva messo in allarme anche Scotland Yard, il principe ha visto sparire un intimo amico, David Hamilton, che avrebbe voluto avere accanto come segretario particolare.

David aveva nascosto la sua vera natura, e quando si accorse che la scadenza incombeva – aveva perduto i capelli, era dimagrito troppo, e la pelle cadente portava i segni del sarcoma di Kaposi – sentì disdoro per la sua condizione, e volle sparire.

Una mattina se ne andò da Londra, diretto a Parigi: forse gli avevano detto che là poteva trovare cure più aggiornate, poi sentì il richiamo di luoghi e di mari lontani, e si mise in viaggio per la Malesia.

Mandò solo due messaggi al fratello, il reverendo Peter, vicario in un raccolto presbiterio del Sussex: gli disse che non soffriva molto e che forse non sarebbe ritornato mai più.

Nei taccuini rilegati in pelle nera che Scotland Yard ha trovato nell'appartamento di Michele Lupo, accusato di essere l'autore di quattro omicidi, e di alcuni tentativi di strangolamento falliti, le vittime, e gli scampati, sono tutti invertiti. Tra settecento nomi e indirizzi della dolce vita inglese, c'erano anche quelli di Norman Parkinson, il fotografo della famiglia reale, e quello di Bruce Oldfield, il sarto preferito da lady Diana.

Michele Lupo è biondo, bello e crudele: nato in un paesino della Lucania (da piccolo cantava nel coro parrocchiale), ha girato il mondo, parla cinque lingue, e si è fermato a Londra, dove tutto gli piaceva: le case eleganti di Chelsea, i negozi per ricchi di Bond Street, i clienti del «Prince of Wales», un celebre punto di incontro degli «omo», e i ristoranti dove si ritrovano cantanti pop, fotomodelle e fotomodelli, aristocratici, dame spregiudicate e stilisti: lui si presentava infatti come disegnatore, mentre l'attività più redditizia era offrirsi, come amante di passaggio, agli svaghi di generosi pederasti, ai quali assicurava, a richiesta, prestazioni sadomasochiste, ricorrendo pure, per aumentare i «contatti», ad avvisi sul reputato settimanale «Capital gay».

Michele piaceva: si era vantato di avere avuto anche quattro incontri sessuali per notte, e calcolava che fossero almeno quattromila le relazioni della sua frenetica carriera.

Davanti alla corte della Old Bailey si è dichiarato subito «guilty», colpevole, e ha raccontato con voce flebile come si compiva il destino delle sue vittime: «Mentre facevamo l'amore ho cominciato ad avvertire stanchezza, disinteresse. Mi sentivo disgustato. Avevo un gran freddo e tremavo. Ho preso la mia sciarpa e l'ho stretta al collo. Ho provato piacere. Ho stretto sempre di più».

Il giovanotto, secondo l'accusa, sarebbe una riuscita combinazione tra Jack lo strangolatore e il dottor Jekyll e mister Hyde: apparenza rispettabile, e turpitudini e brutalità inenarrabili: fruste e calze di seta, feste in tight e fuggevoli amplessi nell'umido degli scantinati. Con soffocamento finale.

L'ispettore John Shoemaker lo ha descritto come un individuo dalla triplice personalità: normale sul lavoro, equivoco e disponibile la sera, quando frequentava il giro degli «emergenti», assassino determinato in certe ore.

Un amico ha detto che Michele Lupo da alcuni mesi era cambiato, e si era buttato in una delirante promiscuità, come se volesse vendicarsi di qualcosa. Ha spiegato il suo difensore, lord Griffin, che il giovanotto «potrebbe avere pochi anni di vita a causa dell'AIDS».

Michele Lupo, il latin-lover, non ha battuto ciglio, e non ha compromesso nessuno: niente nomi, niente scuse. Le perizie dicono che è sano di mente e sieropositivo: oltre che con le mani forti e nervose, può avere portato la morte anche col vizio.

Tutto si è svolto in poco più di un'ora; dopo qualche minuto di riflessione, il giudice ha pronunciato la sentenza: carcere per sempre. Ha detto: «Non ho alternativa; siete una persona troppo pericolosa».

Per un effetto della psicosi che non risparmia neppure i potenti della terra, nel bagaglio che accompagnava in Cina la principessa Margaret c'era anche una misteriosa borsa a spalla. Conteneva aghi, siringhe e plasma.

Quando Carlo è andato nel Kenia, si è mosso col suo sangue personale, caso mai gli fosse occorsa una trasfusione, provocando anche, con la sua prudenza, le critiche dei giornalisti del posto, i quali sostenevano che ci sono più sieropositivi in Gran Bretagna che dalle loro parti.

Seguendo l'esempio dei reali viaggiatori, ora in Gran Bretagna anche i comuni cittadini possono acquistare la valigetta anti AIDS, di nylon impermeabile, color verde, peso sui sette chili; contiene due bottiglie di plasma sanguigno e di soluzione fisiologica, col necessario per le fleboclisi; poi antibiotici, antistaminici, disinfettanti, collirio, bende e cerotti. Prezzo: 500 mila lire. Tra i primi clienti, le multinazionali che hanno funzionari in Africa e in Asia. Incontra.

Persino James Bond ha paura dell'AIDS: l'instancabile femminiere, nell'ultimo film: *The living daylight;* più o meno, «Alla luce del giorno», è costretto a restare fedele a una sola donna. La consuetudine esigeva che seducesse almeno tre o quattro amiche; ma il cinema si sta avviando alla castità.

In un'altra pellicola, *Dragnet,* c'è una scena assolutamente inedita: il protagonista, un poliziotto americano giovane e aitante, si sveglia al mattino con accanto una bionda sconvolgente.

Apre un tiretto per cercare la solita scatoletta: maledizione, è vuota. «Sorry, cara,» sospira, «sarà per la prossima volta.»

«Hollywood» ha scritto l'umorista Art Buchwald «non è più quella della leggenda. L'altra sera ero a cena con i più bei fusti e le più provocanti stelle dello spettacolo, e la padrona di casa mi ha chiesto: "Cosa fate voi a New York al posto del sesso?"».

Ci sono già state troppe vittime tra gli artisti: da Rock Hudson allo stravagante pianista Valentino Liberace, detto Lee. Il suo autista, un ex ballerino, gli aveva fatto causa, chiedendo i danni, «per alienazione di affetto e rottura unilaterale del rapporto».

Lee se l'era cavata con poco meno di centomila dollari, e con una giustificazione: «Personalmente non riesco a indirizzare i miei sentimenti verso una sola persona: sono, in questo, molto generoso».

Rock è stato il primo che ha confessato il suo male, e i suoi tormenti: come recitare realisticamente scene d'amore?

Così perfino il bacio è finito sotto processo. Il sindacato dei lavoratori del cinema ha stabilito che l'attore deve essere informato in anticipo: anche se è risaputo che la saliva non favorisce il contagio, uno deve decidere se baciare con realismo, «a bocca aperta», o più allusivamente.

Secondo il linguaggio filmico, lo sbaciucchiamento insistente e penetrante viene definito «profondo», o anche: «alla francese», e non va confuso col «dry kiss», il modello sano, a labbra chiuse, che era il massimo della spregiudicatezza nel 1930 e dintorni. Si cita a proposito, come record di durata, quel bacione intenso e indimenticabile, che si scambiarono Cary Grant e Ingrid Bergman sul set di *Notorious.*

Non ci si infetta con i metodi collaudati e tradizionali: per evitare la peste, si bruciavano i panni e gli oggetti toccati dal malato; il colera si sviluppava bevendo acque inquinate, o mangiando verdure crude; attenti a quelli che tossiscono in autobus, o sul tram, si diceva, perché spargono i bacilli dell'influenza.

Oggi, per stare tranquilli, bisogna rispettare una sola regola: *Safe sex,* sesso sicuro.

E la norma severa provoca non pochi inconvenienti. Iris Peynado, una bella attrice dominicana che lavora per la TV, ha divulgato un esempio di puritanesimo imposto dall'inquietudine. A New York aveva incontrato «un uomo interessante», che le piaceva. Decidono di passare la notte insieme, ma nei preamboli è compresa la conversazione: lei gli confida la sua ansia per l'AIDS, lui ricambia con le sue perplessità, fin che sereni e spossati, castamente si addormentano.

Egon Fürstenberg, esponente della, ma non più tanto, dolce vita internazionale, ha detto che nel suo giro i costumi sono cambiati: non vanno più a letto come prima, ma si arrangiano coi videoregistratori, le lunghe telefonate, o addirittura scambiandosi messaggi erotici sulla tastiera elettronica del *videotex*.

C'erano le *dark rooms,* le camere scure: un paio funzionavano anche a Milano. Erano ritrovi molto esclusivi: occorreva essere presentati, come in un club privato, e l'ingresso si aggirava sul mezzo milione. Sempre frequentatissimi: ci si doveva prenotare anche con quindici, venti giorni di anticipo.

Le stanze, forse trenta metri quadrati, sparivano nel buio. Ci si spogliava prima di entrare: era concesso ogni genere di prestazione, in un torbido e affannoso intrecciarsi di corpi sconosciuti. Hanno dovuto chiudere, in attesa di vaccini migliori.

Nei *single-bar* americani, si sente sempre meno chiedere: «Facciamo l'amore», mentre è più insistente la domanda: «Come va la salute?».

È stato già fondato il primo club dei «senza rischio»; dove accettano solo uomini e donne col certificato in regola: sieronegativo. Tassa di iscrizione: seicento dollari.

Gli aderenti entrano in una saletta cinematografica, dove si proiettano *video-tapes*: signori e signore si mostrano, ed esprimono le loro esigenze. Quando uno trova il suo tipo, stop. Appuntamento, e l'incubo è finito.

Le agenzie che forniscono questi servizi hanno nomi che ispirano fiducia: *Peace of mind,* serenità dello spirito, o *Safedate,* appuntamento senza pericolo. «Sono soddisfatta di essermi iscritta», ha dichiarato al «Washington Times» una segretaria di San Francisco, «perché in questa città un uomo su nove è portatore del male, ed ero stufa della lunga astinenza.»

Bisogna cercare che l'anima sia gemella e soprattutto con i globuli a posto.

Hanno scoperto che tutti questi inconvenienti erano già stati previsti da Nostradamus, che per il finire del millennio profetizzava una calamità tenebrosa destinata a provocare forti supplizi al genere umano. Titolo di «Time»: *La «loro» malattia è adesso la «nostra» malattia.*

C'è, evidentemente, anche chi in precauzioni esagera: seguendo l'insegnamento della scuola «Fatelo da soli», a Parigi hanno inaugurato il *Jack-off-club*, un circolo destinato a incoraggiare le fantasie degli aderenti: masturbazione solitaria o collettiva, massaggi, esibizioni, carezze, con un solo divieto: niente amplessi, anche se con quell'utensile protettivo.

Una illustre psicanalista, Julia Kristeva, spiega che la situazione offre anche motivi di consolazione: «L'AIDS» dice «crea una bella era ai piaceri detti preliminari, e non saranno certo le donne che rifiuteranno, in questo campo, l'immaginazione al potere. Avremo forse un nuovo libertinaggio, meno concreto, ma più divertente, più narcisisticamente perverso?».

Questione di intendersi; ho conosciuto un vecchio attore che diceva: «Sarò forse un sentimentale, ma a me piace fottere».

A proposito. Paura dell'AIDS? «Ridicolo», afferma Ludwig Scheidt, titolare di frequentatissimi locali nel quartiere St. Pauli, ad Amburgo. Il suo «Pfanni» ha vinto la «Mela d'oro» come miglior postribolo della Germania del Nord. «Le mie ragazze sono tutte sane» proclama giustamente orgoglioso.

Ogni settimana, le signorine si sottopongono a due controlli per le malattie veneree. Ogni quattro, al test dell'HIV, ogni sei, alla prova della sifilide. Nella zona della prostituzione ufficiale e sorvegliata, fino a ora non si sono riscontrati casi.

I clienti appartengono alla buona borghesia, vogliono spassarsela, ma senza azzardare.

Durante la Mostra della nautica si combinano più affari nel bordello «Nobel Club» che in alcuni stand della fiera.

Riferiscono che nella vasca Jacuzzi, vicino al bar, il leggendario Adnan Kashoggi, e il persiano Manutchehr Ghorbanifar, con l'assistenza di sei incantevoli fanciulle, hanno trattato lo scambio con l'Iran di un agente della CIA con cinquecento razzi anticarro.

«Sappiamo con chi andiamo, e non può accadere nulla», ha raccontato a un redattore di «Spiegel» Carmencita, una strana italiana con accento polacco.

Quando sprofonda nel letto ad acqua, all'ospite viene mostrato un piccolo assortimento di preservativi: può scegliere, ma non evitare. Del resto nel nastro che scivola in sordina Jimmy Sommerville canta: «Non lasciarmi così / Non mollarmi a metà / C'è della gomma fra noi / Ma trattiene soltanto il dolore / Per lasciar passare tutto il piacere».

Ma come esiste l'affanno del malato, c'è anche l'inquietudine del medico.

A New York, sono andato a intervistare il cortese Isadore Rosenfeld, professore alla Cornell University, e cardiologo di reputazione mondiale. Nel suo elegante ambulatorio passano i grandi della terra: da Walter Matthau, divo di Hollywood, suo amico, al quale assomiglia moltissimo, a Gianni Agnelli, che ha assistito in un impegnativo intervento sul cuore. Ha scritto serie opere di divulgazione scientifica, molto diffuse negli Stati Uniti; una, assai nota anche nelle traduzioni straniere, si intitola saggiamente: *Primo, non ammalarsi.*

È molto difficile, dal punto di vista emotivo, per un medico, trattare con un paziente sapendo che è destinato a morire entro breve tempo; «qualunque cosa egli escogiti, è sempre molto penoso», spiega.

«La differenza tra uno che ha l'AIDS e uno che ha il cancro, e anche lui è condannato, è che il colpito dal virus non riceve le stesse cure pietose di chi è umiliato dal tumore.

«Ed è terribile spegnersi rendendosi conto che le infermiere non vogliono venire a cambiarti le lenzuola, che nessuno entra volentieri nella tua camera a portare il cibo; sì, lo fanno, ma c'è una evidente e crudele differenza, e lo debbo dire perché me ne sono reso conto di persona.

«È diverso nell'atteggiamento, nei sentimenti: forse perché l'AIDS è sentita come una malattia molto contagiosa, forse per il modo in cui è stata contratta, forse perché i ricoverati vengono considerati socialmente, e anche da un punto di vista clinico, dei paria, mentre quelli del carcinoma sono ritenuti delle vittime sfortunate.

«Tra il personale paramedico questo comportamento è purtroppo diffuso. E poi, oltre a curare l'individuo in cui si è scatenata la sindrome – si tratti di infezione ai polmoni, nello stomaco o al cervello – noi dobbiamo affrontare anche un'altra difficoltà, che mi ha tormentato: l'incidenza dell'HIV su infermi che avevano avuto bisogno di trasfusioni di sangue per interventi chirurgici.

«Agli inizi degli Anni Ottanta, e fino a non molto tempo fa, eravamo in grado di individuare l'epatite B, ma non di identificare gli anticorpi dell'AIDS, come possiamo fare adesso. Ora nel mio ospedale ci siamo accorti che alcuni dei donatori si sono rivelati sieropositivi. Hanno un esame del sangue anormale, ma le loro funzioni risultano regolari.

«Mettetevi nella mia posizione: ho sottoposto dei pazienti a una operazione rischiosa, ma che era necessaria, perché la loro vita correva seri pericoli. Sono guariti, ma cinque anni dopo qualcuno ci dice che, sebbene non abbiano sintomi, hanno addosso un'infezione che potrebbe ucciderli. Perché non esiste una cura.

«In genere, io preferisco dire ai malati quello che so, perché non voglio perdere la mia credibilità: penso che è meglio, piuttosto che lo vengano a sapere da qualcun altro.

«Spiego che l'esame è positivo, ma che noi non ne sappiamo abbastanza, e in molti casi i test riflettono soltanto la reazione dell'organismo a un attacco di pochissimi virus, e probabilmente continueranno a star bene, e poi insegno loro le tecniche per evitare la diffusione del male, e do loro alcuni consigli in riferimento alla loro vita sessuale e ai loro rapporti con l'ambiente circostante.

«Voglio raccontare un caso che mi afflisse molto. Alcuni anni fa visitai un adolescente, che aveva bisogno di un atto chirurgico al cuore, per un difetto congenito: era nato così. Tutto bene, un successo.

«Purtroppo furono necessarie alcune trasfusioni, come sempre in queste circostanze.

«Ora il ragazzo ha diciannove anni, una bellissima fidanzata, è molto innamorato, nessun apparente problema, ma gli esami dicono che ha l'AIDS.

«Abbiamo analizzato il plasma che gli era stato somministrato in grandi quantità, ed è risultato positivo.

«In questo paese io non posso parlargli direttamente senza prima informare i genitori.

«L'ho fatto, gli ho detto come stavano le cose, li ho pregati di procurarmi un incontro col giovanotto per discutere dei suoi progetti di matrimonio, della sua attività amorosa, per suggerirgli di non avere figli, ma la famiglia me lo ha proibito, perché la responsabilità era loro, dato che si trattava di un minorenne.

«Conoscevano bene il loro figliolo e, dicevano, se avesse saputo, si sarebbe ucciso.

«Così mi sono trovato di fronte a questo dilemma: legalmente, e i miei avvocati me lo hanno confermato, avrei dovuto tacere. Ma alla fine non sono riuscito a convivere con me stesso: legge o non legge, non potevo non affrontare il dialogo penoso col giovane, anche senza convincere suo padre e sua madre che era necessario.

«Glielo ho detto, e ha reagito molto bene, senza crisi isteriche, senza minacce di gesti fatali.

«Gli ho spiegato che le statistiche dimostravano probabilità remote di malattia; mi ha ringraziato perché amava la sua ragazza, e per lui era più importante proteggerla dal virus che essere difeso da cattive notizie.»

Ma c'è chi non regge al sospetto, o alla prova. La mancanza, o l'insufficienza di informazione o l'inquietudine incontrollata, incoraggiano sempre la paura o il panico.

C'è un piccolo industriale della provincia di Verona, che è preso dalla febbre: quattro anni prima ha avuto un rapporto con una viaggiatrice dell'autostop.

Legge i giornali in modo confuso, si fa delle idee che lo ossessionano: ho l'AIDS, pensa, sono fregato. Non se la sente di confidarsi con qualcuno, di andare dal dottore. Sale in camera da letto. Prima spara alla moglie, poi al bambino che ha poco più di due anni, poi a se stesso.

Lascia una lettera: «La diagnosi l'ho stabilita io sentendo la radio. Ho deciso di farla finita, per me e per loro, senza farli soffrire».

Quando eseguono l'autopsia si accorgono che ha avuto solo l'influenza.

Se la mente si esalta, niente tranquillizza: neppure un esito negativo. Giuseppe è operaio, Patrizia infermiera ausiliaria: hanno un figlio ancora piccolo. Sono stati tossicodipendenti, e non si fidano dei discorsi dei medici.

Escono di casa decisi, con la valigetta «ventiquattro ore», e si dirigono, come per un incontro romantico, a un motel sul lago di Garda.

Quando sono soli si preparano come per andare a dormire, poi scrivono qualche biglietto: «Abbiamo una terribile malattia. Per noi è chiuso. Perdonateci. Abbiate cura del nostro Andrea».

Si sentivano addosso tutti i sintomi, non ce la facevano più. «Voi due» aveva detto il padre di Patrizia «siete dei pazzi. Vi state distruggendo. E adesso andate via, non voglio avervi tra i piedi.»

«Non preoccuparti, papà,» gli disse Patrizia «vedrai che non ti disturberemo più. Ti chiedo solo un favore: domani puoi tenere per un po' Andrea?»

Patrizia si è sdraiata sul letto, lui le ha messo la pistola vicino alla tempia. Uno sparo, poi un altro.

Silvia, ragioniera, ha venticinque anni, e così

Gianni, assicuratore. Abitano a Firenze. Sono fidanzati, e si vogliono bene. Tra loro, solo un'ombra e una complicità: si drogano. Gianni un giorno scopre che ha l'AIDS: tutto precipita intorno, tutto cambia. L'incubo domina i discorsi e le notti. Inutile pensare al futuro.

È un pomeriggio di autunno, gonfio di pioggia: decidono. Prima un pranzo in trattoria, come tante domeniche: ma senza parole. Poi salgono in macchina e si dirigono verso un bosco: è una strada che sa di ricordi. Si fermano su uno spiazzo nascosto da una siepe di biancospino. Chiacchierano, forse Silvia piange, poi fanno l'amore. Ancora una volta.

Lei va dietro, reggipetto e mutandine, e rabbrividisce dal freddo, e comincia, con una lametta, a tagliarsi le vene: non come fanno i finti suicidi, ma con un gesto forte e profondo.

Gianni è al posto di guida; e guarda in silenzio il cerchio rosso che gli segna i polsi. Tutto gli si confonde davanti agli occhi: le foglie gialle e rosse, il prato dalle erbe putride, ha un sussulto di vita, apre lo sportello, solo pochi passi, e la morte arriva con un sentore di terra bagnata e di sangue caldo.

Lo trova un cercatore di lumache, e scopre la ragazza mezza nuda che respira ancora. È pallida, gli occhi chiusi, non dice parola. All'ospedale, la madre piange e si confida con i cronisti: «Avevamo appena saputo che si facevano e che lui era malato. Ma a questo chi ci pensava?».

Monica, anni ventitré, di professione «entraîneuse» in un locale notturno. È sempre stata sola, indifesa: è entrata nel mestiere quasi con indifferenza, non la divertiva far bere o rallegrare i clienti bisognosi di svago.

Deve essere stato uno di loro a farle gonfiare i linfonodi, a costringerla a chiedere aiuto a un reparto per malattie infettive. Quando le hanno detto: «Vai a casa, poi torna fra un mese per il controllo», si è ritrovata nella solita camera del «Residence». Si è guardata allo specchio: emaciata, gli occhi lucidi, il colorito livido, un'aria allarmata e sgomenta: ma chi può avere voglia di spassarsela con una donna così? Certamente la sbatteranno via.

Ci aveva pensato, aveva provato altre volte: aumenta la dose di barbiturici, un tubetto intero, e ci riesce.

Se è sconvolgente vivere con l'HIV, è anche faticoso condividere con un malato memorie e ossessioni.

Il giovanotto che mi concede la sua confidenza è meridionale, ha buoni studi alle spalle, e un posto insicuro in una azienda commerciale di cui è funzionario: guai se sapessero quali esperienze pesano sulla sua vita. Parla dell'altro, quello che è morto pochi giorni prima, con semplicità: «Una persona alla quale ho voluto bene, e che me ne ha voluto».

Chiedo: «Quando vi siete accorti che lui era malato?».

«Da un anno e mezzo, con qualche sicurezza.»

«E da quanto tempo formavate una coppia?»

«Da cinque anni, e speravamo di invecchiare insieme.»

«Il suo compagno è mai stato disperato?»

«Solo una volta, ed era commosso, perché pensava che sarei rimasto solo.»

«E adesso lei come riempie la giornata?»

«Col lavoro, con gli altri.»

«Malato di AIDS: che cosa vuol dire?»

«Non è diverso che essere colpito da un male inguaribile, dall'esito negativo scontato: però significa anche avere paura di parlarne, magari con la vicina di casa, che è tanto cara, ma non capirebbe. Perché spargere lo sgomento?»

«Quali momenti ricorda della vostra esistenza in comune?»

«I peggiori, perché sono anche i più recenti. Ma ce ne furono anche dei belli: immaginavamo un domani sereno, insieme, più distaccati dal mondo. Non ci sono stati giorni particolarmente felici: lo era la nostra situazione.»

«E ore particolarmente tristi?»

«Una sera mi ha detto: "Vorrei tanto avere un futuro".»

«Se dovesse descrivere questo uomo giovane dalla sorte tragica, se dovesse raccontare chi era.»

«Un amico.»

A Parigi, sono andato a cercare «la vedova dell'AIDS». Ha scritto un libro: *Testimonianza sulla vita e la morte di Martin V*. Lo ha firmato

Hélène Laygues, ma è un nome d'arte, forse anche un paravento, dietro al quale nascondere una vicenda così particolare, che è meglio collocare nel clima del romanzo, perché la realtà è forse più difficile da comprendere, più dura da accettare.

Mi riceve nell'appartamento in rue Thérèse, poco lontano dall'Opéra: pochi mobili d'epoca, un'aria raccolta e davanti a me una donna bionda, sulla cinquantina, sguardo ironico. Ha dietro di sé una educazione e una famiglia borghesi, un paio di matrimoni sbagliati, e una incrollabile fede in Dio e, come vuole la tradizione delle donne della sua casata, nel dovere da compiere, fino all'ultimo.

Hélène ha tenuto un diario del suo rapporto con Martin, arredatore di professione, vanitoso e incauto, esibizionista e pauroso, che sfoggia stivaletti da cowboy e giubbotti di pelle da cantante rock, coi capelli tagliati alla «marine», e la spillona di plastica all'occhiello, che non sa trattenere gli impulsi e, oltre a Brian, l'amante fisso, insegue disperato nella notte incontri occasionali, nei locali sordidi dove gli omosex, in una promiscuità sudaticcia, si concedono anche a impreviste divagazioni con intraprendenti sconosciuti.

Ogni tanto, l'insaziabile Martin scappa in America per un safari del piacere, a New York o sulla costa del Pacifico: sempre l'omosessualità è solitudine, ma lui la riempie di stravaganze e di rapidi amori.

E forse è proprio a Los Angeles che il compagno di una notte brava gli trasmette la malattia che Hélène considera *abominable*.

Hélène e Martin sono soci: lei manda avanti un negozio di antiquariato, e Martin le indirizza i clienti. Gli affari marciano con soddisfazione reciproca, quando Martin comincia a perdere peso e memoria, cammina, e pensa, con difficoltà, ogni tanto ha qualche attacco febbrile. Poi la bocca, i polmoni, che fatica deglutire, e anche parlare.

Nessun sospetto, neppure da parte dei medici: probabilmente è una brutta epatite. Martin è allegro perché le visite, i regali, i fiori, soddisfano il suo gusto dell'ostentazione. Ma quando lo trasferiscono a un altro reparto, e le visite calano, e sul comodino c'è solo il mazzetto di margherite di Hélène, Martin capisce.

E anche Hélène si rende conto che deve sistemare i suoi affari con Martin, perché se il giovanottone candido e stolto se ne va, lei, per la bottega, avrà dei guai.

Un avvocato cinico ma pratico suggerisce la soluzione più comoda: un matrimonio di convenienza. Se ne fanno tanti, e anche in situazioni avvilenti.

Le nozze vengono celebrate in sordina, e Hélène accetta con lealtà la sua parte: moglie di un omosessuale passivo, che ride della stravagante e impossibile unione, e che si avvia, semincosciente, alla inesorabile fine.

«Perché lo ha fatto?»

«Ho il privilegio di essere cristiana, e quindi penso che in quel momento si sia in grazia di

Dio. Avevo la serenità necessaria per affrontare questa prova. Il mio è un caso eccezionale, bisogna essere credenti perché questo accada. Ho sposato un mio amico che in quel momento era in crisi.»

«L'amicizia basta per vivere in due?»

«Certamente. Ci sono state coppie celebri che non avevano nessun rapporto carnale; si sono molto amati e aiutati.»

«Quando si è accorta delle tendenze particolari di Martin?»

«L'amicizia è al di fuori dei rapporti sessuali. Non c'è nessuna ragione di indagare sugli aspetti privati. A me interessa la cultura, la sensibilità, non come ci si comporta a letto. Non sono lesbica anche se, oggi, sarebbe una condizione rassicurante.

«Per me si trattava dell'unione di due esseri, e la fiducia, l'intimità, è un insieme di tenerezza e di cameratismo. Non è obbligatorio un rapporto erotico.

«Una coppia, dopo tutto, può essere formata anche da una madre e da un bambino, che guardano nella stessa direzione.

«Un uomo a cui non piacciono le donne può essere estremamente gentile, colto, affascinante, capace di molte attenzioni.»

«E quando si è accorta della miseria del suo socio, che oltre tutto non era neppure tanto segreta, che cosa ha provato?»

«Pietà, nel senso più nobile del termine, credo. Senta, penso si stia accusando una categoria ingiustamente. Gli omosessuali, quelli a cui piacciono solo gli uomini, restano tra loro.

«Ce ne è invece di un'altra specie di cui si è restii a parlare perché, se vogliamo, intacca l'immagine del maschio, e sono i bisex, quelli che passano da un tipo di relazione a un'altra: una volta un ragazzo, la volta dopo una donna.

«Se questa è gente promiscua, è chiaro che più partner maschi avrà, più aumenterà il rischio di diffusione.»

«A Martin piacevano molto i travestimenti?»

«Doveva andare a un ballo, e volle che gli cucissi un abito di stoffa con lustrini d'argento, e molto tulle, azzurro, verde, rosa. Le magre spalle ossute, il volto estatico segnato dai baffi, la mascherata un po' oscena di un vecchio invertito.

«Ma non penso si tratti di una caratteristica dei diversi; una volta ogni tanto tutti hanno avuto voglia di essere qualcun altro, una regina o un cavaliere. È un momento di sogno.»

«Non ha mai provato repulsione?»

«No, e non conosco la paura; io e la paura siamo cose del tutto diverse. L'ho baciato anche sulla guancia, dove la pelle era stata risparmiata dalle piccole ferite. Ma nessuno si è mai ammalato per questo.

«Non l'ho fatto per dargli coraggio, perché non esiste consolazione. C'è soprattutto una scelta di parole che è sempre estremamente delicata.

«Penso che più si tace e meglio è, di fronte a qualcuno di cui non si conoscono tutti i pensieri, perché in genere si tratta di riflessioni così difficili, o complicate, che vengono celate. A volte il silenzio è ancora la miglior cosa; perlomeno non si rischia di dire sciocchezze o di ferire.»

«Cosa occorre per assolvere con dignità la parte di moglie di uno che ha il SIDA?»

«La pazienza di ogni giorno, le cure quotidiane. Gli facevo da mangiare, chiacchieravo, lo rendevo partecipe delle cose semplici, dei piccoli fatti quotidiani, evitando tutto quello che poteva ricordargli la malattia.

«Una morte che sopraggiunge nel giro di qualche settimana è meno dolorosa, mentre dover vivere un lungo anno di decadimento è molto, molto duro.»

«Com'era Martin, il fisico, il carattere...»

«Era un ragazzo alto, bello, non aveva il corpo di un atleta, ma armonioso, e di notevole statura. Il temperamento? Andava soggetto a sbalzi di umore, era un po' capriccioso. Di fronte alla morte si è comportato come un uomo bene educato.»

Martin ha lasciato un taccuino coi nomi dei suoi amanti. Sono cancellati, scomparsi.

Quattro figli: un maschio, tre femmine. Tutti drogati. E Daniela è morta di AIDS, e Vania è morta di AIDS. E lei, Giuseppina vedova Sciullo, vecchia, e con le gambe che le fanno male, continua a lottare, e a chiedersi: perché? E adesso Nicolino, il maggiore, è in carcere, picchiava le sorelle che si facevano, ma lui spacciava, e Marzia è in una comunità, e ci sono poi due bambini che bisognerà pure far crescere, e che ora stanno con quelli che tentano di smettere l'eroina.

La storia di Giuseppina vedova Sciullo, bella faccia pulita, orgogliosa, capelli bianchi, assomiglia a tante altre: ospedali, caserme di carabinieri, furti, amori passionali, incontri infelici, le follie dell'overdose, o dell'astinenza, ma quattro destini falliti, quattro figli disgraziati, non si erano mai visti, nessuno li aveva ancora raccontati.

Lei ha tentato di tutto per salvarli: dava la colpa a Milano, la grande città, dove la roba la offrono anche fuori della scuola o dell'ufficio, sul marciapiede, e allora provò a portarli via, in un paese del sud, case grigie e strette abbarbicate sul monte, ma non c'è stato nulla da fare, perché quel virus ha cominciato a distruggere i suoi figli.

Daniela era bellissima, Vania anche, piacevano agli uomini, cominciarono col perdere i denti, poi ogni energia, andavano magari per i boschi, Nivola, il cane, si voltava indietro, le aspettava, ma loro non ce la facevano più a camminare.

E quegli altri due, quelli ancora vivi, si salveranno? Non si sa. Quando Daniela se ne è andata per prima, volevano proprio seppellirla di nascosto, per paura del contagio, era nuda nella cassa di legno grezzo, molti tagli sul corpo, per via dell'autopsia, un funerale con solo una persona dietro, Giuseppina vedova Sciullo che piangeva perché non c'era neppure un fiore, e il prete aveva fretta di concludere. Nivola, il cagnetto, seguiva da lontano.

E la gente, da allora, non vuole più avvicinarla. Hanno portato via Nivola, che guaiva trascinato dal cappio, per paura che spargesse l'infezione, e perché Giuseppina non vada nei negozi, le mandano a casa il pane e il latte, e nessuno la saluta, ma almeno il cagnetto dovevano lasciarglielo.

Giuseppina mi parla con abbandono, come per liberarsi. Non ha niente da nascondere, non deve vergognarsi.

«Le avevo provate tutte. Con le buone, con le cattive. Li ho fatti ricoverare senza che neppure se ne accorgessero; gli davo i sonniferi e la mattina si trovavano all'ospedale.

«A casa veniva spesso la polizia, perché loro combinavano i guai e io pagavo le spese: prendevano gli autobus senza soldi, si riempivano di contravvenzioni. Un bel giorno mi sono stancata, e ho fatto la scissione familiare.

«Ma quelli della Questura venivano lo stesso a cercarli, o a chiedere perché i miei figli erano fuori di casa.

«Io gli dicevo: "Se la volete smettere io vi do una mano, ma non vi aiuterò mai a farvi fare".

«Per un po' mi prendevano in giro, ma poi continuavano lo stesso. Fin che io non me ne accorgevo.

«Poi una mattina vennero i carabinieri, fecero la perquisizione, misero il telefono sotto controllo, storie sopra storie, allora Nicolino ha detto: "Mamma, basta, ora se vuoi aiutarmi, io tento".

«Mi diceva sempre che sarebbe morto con la siringa infilata nel braccio; non mi aveva mai promesso niente di buono.

«Trovai una casa a Castelgrande, per mezzo di persone amiche, volevo starci due o tre mesi, mi illudevo che bastassero. Li caricai tutti e quattro in treno, e andammo. No, adesso che ricordo, Daniela, quella che è morta quest'anno, venne dopo.

«Anche lei mi domanda, come tutti, del resto: ma perché tutti e quattro? Non lo so, e neppure loro sapevano rispondere. All'inizio era una moda, nel '68, non c'entra la famiglia, io sono stata sempre presente. Il maggiore me lo ha detto il giorno dopo: "Mamma, ci ho provato". E poi, le figlie.»

Chiedo: «Erano infelici?».

«Io non l'ho mai saputo.»

«Le ragazze avevano il fidanzato?»

«Sì, ed erano bellissime. La Daniela fuggì che aveva sedici anni, scappavano in tanti, le piaceva essere libera, andare in giro.»

«Ha mai avuto un uomo che le volesse bene?»

«Ma penso di sì, visto che ha fatto due figli.»

«Dello stesso padre?»

«No.»

«Una delle ragazze è a San Patrignano.»

«La più piccola.»

«Spera che ce la faccia?»

«Si è bucata per poco, sei o sette mesi. Andava a scuola, quegli altri combinavano pasticci, finivano sui giornali, e il professore le diceva: “Marzia, è tua sorella?”.

«Le mostrò anche la lettera di una mamma che non voleva che sua figlia le sedesse accanto, e allora lei gli amici li trovava tra quelli dei fratelli.

«Pensi che Vania aveva smesso da tanto tempo, forse quattro anni, ma aveva preso quel microbo, le faceva male la bocca, come Daniela, le erano caduti i denti, completamente, le bruciava il palato, le gengive, non riusciva più a mangiare, e allora le ho detto: “Andate in clinica, vediamo se si può fare qualcosa. Voglio che vi mettiate a posto”.

«Telefonai al dottore, parlò di una infiammazione ghiandolare, mi pare che dicesse proprio così, gli chiesi se c’era qualcosa da fare, e mi rispose che stavano già provvedendo.

«Tornò dopo più di un mese, ma ogni giorno perdeva forze, tirava avanti con fatica, ha cominciato con un dolore alla gamba, e allora io le ho detto di non andare più a spasso tra gli alberi.

«Ha smesso anche di mangiare, poi ha saputo che il suo uomo, come lo chiamano loro, si era trovata una nuova fidanzata, non le scriveva più, e lei l’ha presa male, perché gli voleva bene, lui è stato l’unico, fino alla morte, e gli ha fatto il bambino che si chiama Moreno.

«Solo tre giorni prima, il dottore mi ha avvertito: “Guardi, signora, che sua figlia ha questo”. E poi hanno fatto le analisi, e han detto a

Daniela: “Lo hai anche tu”. Mi ha lasciato Massimiliano.

«E io sono diventata “La madre di quelli che hanno l’AIDS”. E io mi sono presa i nipoti, e li tirerò su. Della gente, non mi importa più nulla. Tutti abbiamo una critica su di noi: chi la racconta cotta, chi cruda. Lei non l’hanno mai criticato?»

«Penso proprio di sì. Le auguro buona fortuna, signora.»

Poi esistono anche gli incoscienti dell’AIDS, o i criminali, gli «untori» consapevoli e arrabbiati, quelli che vogliono dare anche agli altri la loro pena, per vendicarsi. O che usano la siringa come una rivoltella, per rapine o ricatti. Qualche volta nel macabro gioco entra l’irresponsabilità, più spesso la perfidia.

Siamo a Los Angeles: grande festa in villa, nel caldo dell’estate, sulla collina: abiti bianchi, schiene nude e abbronzate, bicchieri di whisky annebbiati dal ghiaccio, rapide conoscenze, fuggevoli amori. Non c’è bisogno di stringere patti: si chiama *one-night stand,* e vuol dire: spassiamocela per questa serata.

John fa lo sceneggiatore, e conosce alla perfezione i risvolti del copione. La ragazza è molto carina, ha una faccia pulita e dei modi franchi, un sorriso malizioso e molta voglia di vivere: quattro chiacchiere, e si combina.

Via in macchina, verso la casa di lui: le palme rabbrividiscono nel vento caldo della notte, il nastro diffonde a tutto volume gli urli di Bruce

Springsteen, e John è piuttosto soddisfatto: non è vero che andare ai party è tempo sprecato.

Si divertono, si addormentano: ma al mattino, quando John si sveglia, si ritrova solo. Se ne è andata senza salutarlo, ma ha lasciato, tracciato col rossetto nel bagno, un messaggio: «Welcome to the AIDS club», benvenuto nell'associazione di quelli che se lo sono beccato.

Dire che John resta spiacevolmente sorpreso è abbastanza ovvio: corre al prelievo del sangue, ed esplode di felicità quando lo rassicurano: niente, non si vede niente. Però, si rifaccia vivo tra qualche mese. E l'ombra del sospetto e dell'incertezza si allarga.

Ann Blaukenship, anni diciannove, si iniettava nelle vene cocaina liquida; poi è passata al *crack*, una orrenda mistura che stronca la vita. Già con l'ago si è infettata: lo sa da due anni, ma tira avanti. Per comprare le dosi, le servono almeno venti fialette al giorno, batte i marciapiedi di Miami. È diventata, dicono i giudici della città, «l'angelo della morte». È bellina, infatti, coi riccioletti biondi che fanno risaltare il viso minuto, con quell'aspetto fragile e vizioso, da puttanella innocente.

Ogni notte, sono una decina i clienti che abboccano, più che al suo fascino, alle sue proposte: ha esperienza, Ann, e sa come si accontentano alla svelta questi sconosciuti bisognosi di svago.

L'hanno arrestata parecchie volte, e ha spiegato con sincerità la sua filosofia: «Non sono mica pazza. Se ogni volta che salgo su un'auto, dovessi dire: "Caro, ti avverto che ho una puntina di AIDS", quello mi ammazzerebbe».

«Certo che ho i preservativi nella borsetta: distribuzione a richiesta. Ma non credo a tutte le chiacchiere che si sono fatte: non credo che si trasmetta con una scopatina. Io ne avrò combinate almeno settecento, non venitemi a raccontare che ho provocato una strage. Anche le mie amiche, del resto, si comportano come me: mi dispiace, ma non vedo proprio un'altra soluzione.

«Mi sono consentita alcune eccezioni: capita che qualcuno ti si affezioni, che ti venga a cercare, uno mi portava anche dei fiori. Due o tre tipi, non di più. Se pensavo che avevano abbastanza coraggio per sopportare la notizia, li informavo: Baby, vatti a fare una visita.»

Sono brave le prostitute americane che, al convegno di Bruxelles, hanno organizzato un corso per le colleghe sul tema: *Come infilare al cliente un «condom» senza che lui se ne accorga,* e corrette le «lucciole» di Treviso, che ad ogni avventore in transito consegnano un volantino con le avvertenze: «Non si scopa senza Hatù».

Melika, una francese, aveva la brutta abitudine di dirlo dopo, e con tono cattivo, che lei era drogata, e con la sindrome; l'hanno trovata uccisa, con tante pugnalate al collo, nelle toilettes di un grande albergo.

Nella telefoto Joseph Markowsky, lineamenti regolari, labbra sottili, capelli che diradano sulla fronte, con la maglietta che copre un torace troppo magro, sembra un bravo ragazzo, appena congedato dall'esercito, o che si è trattenuto un po' troppo nel college. Sa che deve morire tra pochi mesi, e per farla finita simula una rapina a una banca, in Wilshire Boulevard, nel centro di Los Angeles.

Gli agenti di guardia guardano sconvolti quel tipo dagli occhi da ossesso che grida: «Uccidetemi, uccidetemi, ho l'AIDS», ma non sparano. È questione di qualche secondo: così fallisce un inconsueto tentato suicidio.

Poi, la confessione: che è una sintesi di disgrazie. Joe è drogato, omosessuale, si è venduto, e ha venduto, dieci dollari alla volta, il suo sangue infetto: «Non ho un centesimo» parla piangendo «e voglio vivere anch'io». Cinque ricevute di un ospedale documentano il commercio.

Tutto, nella vita, si è mosso contro di lui: lo hanno mollato, quando era bambino, il padre e la madre, più tardi, i padroni, e perdeva spesso il lavoro, poi ha cominciato con l'eroina, e alla fine, anche quando già sapeva, si è prostituito con gli occasionali amici delle notti brave californiane. E il Procuratore lo rinvierà a giudizio con l'accusa di tentato omicidio. E resta in molti il sospetto che in qualche flacone di plasma, nonostante tutti i controlli, ci sia dentro un po' di HIV di Joseph Markowsky, americano senza speranza.

È già capitato ad Adrian Morris, soldato a Fort Huachuca, una base aerea nell'Arizona, che dovrà comparire davanti a una corte perché ha contaminato, andandoci a letto, due camerati, un uomo e una donna. Se lo riconosceranno colpevole, la pena massima è di diciassette anni.

Anche Jim Wilson qualche bacillo lo ha piazzato, ma senza cattiveria. Si presenta all'appuntamento dando la mano all'ultimo compagno: tutti e due omo, tutti e due AIDS. Lui con gli occhiali, barbetta rada e bionda, l'altro tozzo, maglietta bianca maniche corte, un po' alla Marlon Brando «Fronte del porto». Affronta la situazione con freddezza e realismo britannico.

«Sono stato colpito da una disgrazia, non da una vergogna. Nessuno vuole essere affetto da una malattia che viene considerata incurabile, non c'è rimedio. Oltre a problemi fisici, ce ne sono anche psicologici: bisogna accettare l'idea della morte. Però, dopo l'emozione iniziale, si tratta di sfruttare, di vivere bene il tempo che rimane. Io sono convinto di avere ancora molti anni davanti.

«La gente reagisce in modi diversi: dalla comprensione al rifiuto totale. Questo perché i mass-media hanno parlato di un virus che colpiva soprattutto i *gay*, e siccome sono tanti quelli che non li sopportano, il contrasto è una conseguenza naturale. Questo complica le cose, naturalmente.

«Io ho ventinove anni, sono bisex, mi attraggono sia gli uomini che le donne, ma preferisco i ragazzi. Secondo la diagnosi, i miei guai sono cominciati tre anni fa. Penso di doverli ai miei partner maschili, ma non si può essere assolutamente sicuri.

«Nella vita sono stato sposato, adesso risulto divorziato; ho avuto avventure anche con delle signore, e questo è preoccupante. Ho un'amica a cui sono legato da molto tempo, e purtroppo, quando ho saputo, la relazione durava da parecchio.

«C'è stato il problema di dirglielo. Lei è andata all'ospedale, e si è scoperto che è sieropositiva. In quel periodo, eravamo più o meno divisi: io avevo le mie storie, lei le sue. C'è una buona probabilità che lei abbia contagiato qualcuno di quelli che incontrava, e che quelli abbiano fatto altrettanto.

«No, non mi sento in colpa. Se lo avessi saputo prima, avrei preso le giuste precauzioni, come faccio ora.

«Vorrebbe sapere come è andata col mio matrimonio. Mi sono sposato molto presto, ed eravamo giovani tutti e due. Il fatto che io sono bisex ha creato ulteriori complicazioni. Non sono gusti compatibili, anche se adesso c'è tra noi molta amicizia. Siamo arrivati a un'intesa, e abbiamo deciso che era meglio per tutti e due separarci, se non d'amore, d'accordo. Vedo la mia ex moglie regolarmente e ci troviamo bene.

«A causa del lungo periodo d'incubazione che la malattia comporta, anche la mia vecchia consorte ha dovuto sottoporsi all'esame del sangue, e sono felice che tutto sia in ordine. Perché si è risposata e ha anche dei figli.

«Mi sono accorto della mia duplicità, verso i sedici anni, ma forse è una caratteristica inglese, mi dicevo, una fase. La maggior parte delle famiglie, penso, in qualunque paese, direbbe: "Stai attraversando un periodo così". Molti ti incoraggiano: "È un momento passeggero", e finisci per crederci. Quindi per un po' vivi in un modo che ti sembra naturale.

«Poi il tuo carattere ti spinge a una decisione. Ci ho messo un po' di tempo per rendermi conto che per me era normale pendere da tutte e due le parti.

«Ho cominciato come molti: niente di particolare, ero solo stanco, mi mancavano le forze. Andai all'ambulatorio, e mi classificarono appartenente a una categoria ad alto rischio. Avevo i sintomi di quella che credevo una grave influenza, sudorazione notturna, e anche problemi respiratori. Dissero un nome difficile: pneumocistosi.

«In quel periodo, lavoravo in una ditta che trattava diamanti. Il mio caro capo venne a trovarmi. Quando seppe il nome del medico curante, capì. Ritornai al lavoro, e dopo una settimana mi licenziò. Un giovedì pomeriggio mi consegnò una lettera prima di andarsene e disse: "È stato un piacere averla con noi, e non vogliamo discuterne, ma non possiamo riprenderla. Comunque, eccole due settimane di stipendio; sgomberiamo noi il suo ufficio".

«Era terrorizzato dall'idea che io tornassi; potevo forse contagiare l'aria, o stringere la mano a qualcuno.

«Da allora sono disoccupato. Adesso prendo l'indennità di malattia, e faccio parte di una associazione che si occupa di casi come il mio. Aiuto quelli che hanno appena saputo.

«Abbiamo anche gruppi che organizzano ritrovi per sieropositivi, così si incontrano persone con gli stessi problemi.

«Non è che perché uno è ammalato non ha più voglia di una vita sessuale normale. L'amante che ho ora l'ho conosciuto sette mesi fa, in uno di quei locali. Credo di andare molto d'accordo con lui, anche se affrontiamo situazioni clinicamente diverse. Ha il sarcoma di Kaposi, un cancro della pelle, tante macchie viola. Io potrei mentire se fosse necessario, e far credere che sono sano. Il mio amante no; i segni sono evidenti. Siamo uniti dalla condanna che ci ha colpiti.

«Chiacchieriamo, ma poco del futuro. Abitiamo in zone diverse di Londra, e se uno ha bisogno, l'altro va. Tutte le settimane si parla di qualcuno che ha saputo, o di qualcuno che è morto.

«Si soffre per l'AIDS, e molto, anche per le reazioni degli altri. Arrivano spesso a insultarmi. Sono fortunato perché non sono mai stato aggredito fisicamente, ma se esiste la violenza mentale io l'ho subita. Mi rifiutano.

«Capisco che è difficile per molti accettare la mia doppia sessualità, ma almeno mi ignorino, facciano finta di niente. Un po' di pazienza: poi toglierò il disturbo.»

Secondo le teorie psicoanalitiche, ogni individuo, quando nasce, non conosce le barriere del sesso, ed è disponibile per qualsiasi esperienza. Tutti i bambini sostiene Sigmund Freud, sono all'origine «perversi polimorfi», e maschietti e femminucce potrebbero inventare giochi erotici che, secondo l'interpretazione più diffusa, vengono considerati «contro natura».

Gli studiosi che indagano sul mistero dell'anima, o della coscienza, attribuiscono la doppia vita amorosa, specialmente tra gli uomini, alle scarse attenzioni paterne durante l'infanzia o l'adolescenza, a un desiderio inappagato di affetto. Una antica rabbia che trova poi comprensione e sfogo in incontri alle saune, ai bagni, o nei gabinetti delle stazioni di servizio.

«Perché non fare l'amore con la metà della razza umana?» è anche la domanda che circola tra coloro che hanno superato i confini delle convenzioni. E coloro che vivono segretamente una doppia esistenza sono specialmente gli uomini: che diventano anche i maggiori propagatori del virus. Secondo una inchiesta del Dipartimento della Sanità del Minnesota, il 35 per cento dei ricoverati per AIDS erano bisex, e se la spassavano con un «boy-friend», l'amichetto.

Persone che non avevano difficoltà a raccontare al medico i loro inconsueti rapporti, spiegandoli con stimoli emozionali, sessuali e anche romantici: due passioni e due «mogli», invece di quella unica e consueta.

E poi il dramma: avrò infettato la mia compagna, lo avrò trasmesso ai miei figli? E a quante persone bisognerà confessare questa ambigua attrazione, che spesso si rivela anche dopo anni di matrimonio, e che impone faticose ipocrisie, menzogne, fin quando scoppia la tragedia?

L'AIDS incute più rispetto, o più terrore, di qualunque arma da fuoco. Con un semplice cartello sul quale aveva scritto: «Sono sieropositivo, e fra trenta giorni crepo», sputando sugli agenti di guardia, Garnett Wilson ha svaligiato una decina di banche. La sua saliva però non ha infettato nessuno.

Un disoccupato tedesco ha avuto un'idea non meno geniale: ha indirizzato una lettera alla direzione di un supermercato di Fuerth, intimando: «O tre miliardi e mezzo di marchi o avveleno col mio sangue guasto i vostri prodotti».

I poliziotti lo hanno catturato quando si è fatto vivo per l'incasso.

La stessa trovata, ma senza alcun esito, ha tentato di metterla in pratica un inglese che ha inviato un ultimatum ai grandi magazzini Marks and Spencer: «Ho contaminato tre pasticci di pollo. Per trecentocinquantamila sterline vi dirò dove cercare. Scusatemi, ma devo lasciare qualcosa ai miei figli che presto diventeranno orfani».

Nonostante i discorsi rassicuranti dei virologi, e la conferma dei fatti, la paura si diffonde e condiziona anche i rapporti umani: una stretta di mano, un colpo di tosse, un bicchiere mal lavato, le lacrime o un bacio con la lingua non contagiano assolutamente, e non esiste un caso che dimostri il contrario.

Già essere omosessuale o drogato vuol dire vivere col senso dell'esclusione, del rifiuto, la certezza della diversità dagli altri, e dell'appartenenza a una minoranza: un po' come essere ebrei, in certi paesi, o negri. L'AIDS è una spinta alla solitudine.

Michele è un ex tossicodipendente, ed è arrivato al penultimo stadio. Vive in una piccola casa, a Faenza, in Romagna. Non vuole pensare alla morte, e si è rivolto al sindacato perché gli trovi un lavoro, anche a domicilio, per ingannare i pensieri nell'attesa.

Racconta: «Perfino i miei genitori mi trattano come un appestato. I miei suoceri hanno preso la mia bambina. Guardano il mio piatto, le mie posate, come se avessi la lebbra. La gente scappa, ha paura. I parenti più stretti mi salutano appena. L'unica che non è mai fuggita è mia moglie».

A Napoli i travestiti li chiamano «femminielli». Sono ragazzini che recitano quel ruolo perverso. Creature indifese, che non fanno parte del folclore, ma della miseria umana. Anche loro coinvolti nella bufera.

«Ho fatto l'esame, perché di fattori di rischio ne ho due: mi foro le vene e sono omosessuale.

Mi hanno detto che sono sieropositivo, e basta. Mi sono informato leggendo i giornali.

«Da allora è cambiato il mio rapporto con la gente, con gli altri. Se si tratta di storie di sesso, metto al corrente il partner: io come frocio ho sempre saputo rinunciare all'amore.

«Ho informato i miei amici, che sono all'altezza della situazione: ma coi miei familiari non ho parlato, perché non credo che capirebbero, e non mi piace caricarli di una angoscia che è mia; più che un incubo è una paranoia, perché qualunque cosa io faccia, il pensiero va sempre a quel microbo che potrebbe aggravarsi.

«E poi questa campagna della televisione e della stampa è un continuo martellamento, e anche se volessi distrarmi, non ce la farei: è impossibile.

«La mia unica paura è contagiare gli altri; per me è andata.»

E il suo compagno di marciapiede:

«Quando dicevano che in America morivano in tanti, per la strada non si vedeva più nessuno, ci prendevano in giro, cercavano di allontanarci; poi il tempo passa, ci si abitua alle chiacchiere, ci si abitua a tutto, e le cose sono tornate normali.

«Quando muore qualcuno importante, ricomincia un po' la paura: ma rischiano in tanti, e rischio anch'io.

«Io non mi buco, e i clienti vengono più volentieri: ma io sto attento con chi vado, per non diventare... Per me è un incubo: c'è il giorno in cui vivo male, e quello in cui non ci penso. Ma ormai, che altro potrei fare?»

Angoscia, paura.

Perfino certi medici rifiutano di operare un tossicodipendente positivo che ha bisogno di un intervento sul setto nasale: è accaduto a Rimini.

All'ospedale di Cagliari, reparto ostetricia, non intendono suturare le ferite di Patrizia, che ha appena partorito.

Due dentisti, a Perugia, non sono disposti a mettere le mani in bocca a due ragazzi che si drogano, e solo per un sospetto.

A Latina, occorre addirittura un decreto del pretore per far abortire una ragazza, già respinta da una clinica privata.

Anche se è bassissima la possibilità di contagio per dottori e infermieri, nessuno può evitare che stress, emozioni e anche angustie si diffondano tra coloro che conoscono tutti i mezzi di prevenzione: guanti, occhiali, mascherine, e molta attenzione con gli aghi e col bisturi.

Allora perché stupirsi se la Football Association britannica provvede, coi suoi consigli agli atleti, a diffondere informazioni sbagliate, e a incrementare confusione e spavento? «Non fare il bagno insieme, andare sotto la doccia, trattare le ferite aperte con materiale sterilizzato, nella rianimazione bocca a bocca (in inglese: *kiss of life,* bacio di vita) usare una garza asettica.» E i pugili, durante il combattimento, si possono infettare attraverso le ferite che sanguinano?

«Viviamo un momento storico», ha detto il dottor Jonathan Mann, che coordina il programma sull'AIDS dell'Organizzazione mondiale della Sanità. La malattia è come un iceberg, e ignoriamo che cosa naviga nella profondità del mare.

Sappiamo poco delle origini del flagello, e del modo di curarlo: nel passato, per spiegare la peste, si ricorreva alla *Genesi*, e diventava un segno della collera divina, e non si pensava che topi e mosche facessero viaggiare il bacillo, il cui proliferare era attribuito alle congiunzioni dei pianeti o a nubi velenose.

Ogni stagione ha dunque le sue superstizioni: e se i calciatori non debbono abbracciarsi troppo stretti, Filippo di Valois ordinava che si strappassero le labbra ai bestemmiatori, perché provocavano Nostro Signore; in Francia obbligavano le coppie che convivevano a sposarsi; e Papa Clemente, prigioniero ad Avignone della politica e della morte, che mieteva tra i cortigiani, si strofinava, per consiglio dell'archiatra, con un anello di smeraldo, improbabile talismano contro la pestilenza.

Ogni giorno, su questa terra, cento malati di più, e per ogni colpito solo la prospettiva di una non lunga sopravvivenza. L'AIDS, hanno detto, è il ritorno della tragedia e della morte nell'amore. La società permissiva, che aveva banalizzato il sesso, e resa ridicola la figura di Don Giovanni, sempre a caccia di avventura e di trasgressione, riscopre il pericolo e la fatica di ogni conquista. Un cedimento, ed è subito dramma.

Marialaura è una brava signora sulla trentina, sposata e con due figli. Una esistenza normale, senza sussulti, e anche senza tentazioni.

C'è un collega d'ufficio che le fa la corte: accade. Breve incontro, brevissima vicenda.

Il marito è un uomo tranquillo: niente droga, nessuna evasione. Una mattina ha un brutto risveglio: le ghiandole, attorno al collo, si sono ingrossate. «Che cosa le è accaduto?» gli chiedono. Proprio niente di speciale.

La piccola Bovary confessa. Ha sbagliato. Il tentatore si fa visitare: AIDS. La brava signora, anche. Il consorte ha già i sintomi.

L'ingegner Alfredo parte allegro per il Kenia: ingaggio pagatissimo nelle miniere di laggiù. Fatica, lontananza, nostalgia, ma ne vale la pena.

Non ha pregiudizi di razza, e le donne nere sono spesso molto attraenti. Chi sa che cosa significano questi malesseri, questo senso di fatica estenuante non si può sempre attribuire al clima. È il virus, e lo attacca anche alla moglie.

Adriana ha l'età e l'innocenza di Giulietta: è brava a casa e a scuola. Si invaghisce di quello che il suo medico chiama «un drogatello». Si concede, ma come per un gioco dell'infanzia. E ora sta morendo. Ma chi può spiegarle perché?

E i bambini, allora? In Francia, tra 6812 donne incinte, 46 sono risultate positive, e 18 non lo sapevano. La causa più o meno la solita: trasfusioni, origine nell'Africa centrale, tossicomani, o compagne di drogati, prostitute, soggiorni in luoghi endemici, come le Antille. Il modo di trasmissione non è del tutto chiaro.

Quasi sempre le donne di origine africana vogliono portare a termine la gravidanza, e molto spesso anche le eroinomani: eppure un bimbo su cinque muore a quattro mesi, e per la metà sono «positivi», non c'è sicuramente la probabilità di salvarli.

E degli altri, di quelli da curare, chi si occupa? Quale futuro avranno? Nell'ospedale di New York City ci sono venti piccoli ricoverati affetti da AIDS: i genitori sono stati uccisi dal virus, o non vogliono occuparsi di loro. Non c'è un altro posto dove possono andare. Diventò malinconicamente famosa in California «Baby Christie»: tutti la respingevano, fin che, quando ha compiuto due anni, un certificato di decesso ha risolto il caso.

A Boston, hanno creato un centro residenziale che accoglie quattro piccoli ospiti abbandonati da tutti. «Quello che cerchiamo di fare» dicono «non è di trovare per i bambini un posto dove morire, ma una casa dove vivere, continuare a crescere, imparare ad amare la vita.»

In una notte da incubo, da delitto, ho vissuto a Torino la storia di Giuseppina Rano, anni ventitré, buchi da quattordici, prostituta non si sa da quando, famiglia da penna di Maksim Gor'kij: un padre ubriacone che raccoglie stracci e cartone, e che se ne è andato, una sorella che viaggia sul marciapiede, ed è prigioniera della siringa, un fratello che è stato in carcere e ha smesso da poco, e Giuseppina che vaga come un fantasma, alla ricerca di clienti e di se stessa, e solo un prete caritatevole, don Gino, che apre la porta della chiesa prima dell'alba per aspettarla, e mi parla di lei: «L'ho conosciuta che era in coma da overdose, e nessuno andava a trovarla. È arrivata a bucarsi nel collo. Ha bisogno di duecentomila lire al giorno».

Giuseppina scopre che è malata, e che la pancia si ingrossa; pensa di andare ad abortire. «Le dissi che non l'avrei giudicata, ma che non la accompagnavo» spiega don Gino. Spense il motore a una fermata di autobus, e Giuseppina scese. Era troppo tardi.

E Robertino è nato, ma lei non lo vedrà mai più, non potrà più, come desiderava, «volergli bene, e insegnargli tante cose, io che ho vissuto sulla strada».

Come comincia il racconto, e la breve avventura di Giuseppina Rano, emigrata dal sud in una città troppo difficile per lei?

«Non andavo d'accordo coi miei. Nove, in una stanza e cucina. Liti e miseria. Un pomeriggio, mi sono seduta su una panchina, ai giardini, e ho cominciato a piangere. Si è avvicinato un ragazzo che conoscevo e mi ha detto: «Prova, vedrai che ti aiuta», e così ogni volta che mi sentivo triste, bucavo.

«Ero molto giù di morale, in quel momento,

e volevo morire. Non sono morta. Ma non pensavo più a nulla, niente problemi. Come facevo per procurarmi la roba? Prima rubavo, poi sono andata con gli uomini. Dove ero questa notte? A St. Vincent, ad Aosta. Ma gli dico sempre: “Metti il preservativo”.

«In gravidanza, ho scoperto di essere sieropositiva. Ma per me era anche bellissimo: perché io che non ho mai avuto niente, avevo un figlio.

«Hanno scritto i giornalisti che l’ho abbandonato, ma non è vero. È venuto alla clinica mio fratello e mi ha detto: “Guarda che Roberto è morto; l’ho saputo dall’assistente sociale”.

«Io, quel bambino, l’ho visto solo quando mi è uscito dalla pancia, poi non me l’hanno più fatto vedere.

«È vero che io sono andata via, forse mi hanno anche cercata, e quando sono tornata ho saputo che era vivo, ma io non sono andata a trovarlo, non per cattiveria, perché sapevo che non me l’avrebbero dato, e avevo paura di restarci ancora più male.

«Forse adesso potrei, ho un ragazzo che non fa uso di stupefacenti, sono cambiata moltissimo, sarei disposta a disintossicarmi prima, ma non oso pretendere di avere mio figlio in questo stato, però penso che posso dargli più affetto io che sono sua mamma di una infermiera. Forse lui potrebbe aiutarmi a diventare un’altra.

«Ma so che se anche dovessi smettere sono sempre una ex: ex tossicomane, ex puttana.

«Ho sentito che ci sono venti, trenta famiglie pronte a prendere Robertino: a me non lo daranno mai.»

Che ne è di Robertino, e dei suoi «fratellini», abbandonati nei reparti per infetti?

«Eppure gli uomini non sono cattivi» si legge nel *Diario* di Anna Frank. Chi vuol far suo un bambino sieropositivo deve essere capace di affrontare problemi di ogni genere, da quelli dei sentimenti, a quelli medici.

«Chi adotta un bimbo lo fa per crescerlo» dice don Luigi Ciotti che guida il gruppo Abele, gente votata alla carità.

«Ma qui si tratta, ed è prevedibile, di affezionarsi a un piccino da accompagnare alla morte.»

Il primo bambino ucciso dall'AIDS, in Italia, si chiamava Gianluca: aveva due anni e otto mesi. L'hanno messo in una cassa di legno bianca, e sua madre, Antonia Piga, ha detto: «Ha smesso di soffrire».

Antonia è «portatrice sana»: il suo sangue contaminato ha trasmesso il virus. E quando ancora non sapeva nulla di quello che aveva addosso, è rimasta incinta un'altra volta. Lo hanno battezzato Davide.

Antonia l'ho conosciuta bene; quando seguiva l'agonia di Gianluca, quando è finita dentro, quando è ritornata libera, e si è data, che espressione stupida, alla bella vita, e so che per lei non si può fare nulla, perché è fragile e bugiarda, corrotta e senza il senso del peccato.

Ha un aspetto fiero e selvaggio, occhi penetranti e lunghi capelli neri, ma non c'è nella sua anima alcuna vibrazione: la vita le scivola addosso, e Antonia affonda ogni giorno di più, protetta solo da una infinita debolezza.

Antonia è una ribelle sconfitta, che voleva bene al suo bambino, che voleva bene al suo uomo, e che è finita ladra, spacciatrice, prostituta, drogata, perché a sedici anni desiderava avere la sua parte di felicità.

Scappa di casa, da Alghero, da suo padre e da sua madre, e dai suoi sette fratelli, e finisce a Quarto Oggiaro, nel retroterra di Milano, dove la metropoli spinge chi, non avendo quasi nulla da perdere, cerca un po' di futuro.

In un gruppetto di gente che «si fa» c'è Giovanni, figlio di un muratore calabrese, sbandato, inetto e sentimentale, ladruncolo e vizioso.

«Quando ci siamo sposati, e io avevo già la pancia,» racconta Antonia «non possedevamo nulla; ci siamo procurati due anelli, li abbiamo portati via, perché ci piaceva essere in regola, e Giovanni è andato a rubare anche dei fiori, e me li ha offerti.

«Come l'ho conosciuto? Io abitavo a Quarto Oggiaro, stavo con degli amici, ci siamo visti in un bar e ci hanno presentati; poi siamo andati un po' in giro per Milano. Lui si bucava già, io ho cominciato subito dopo.

«Avevamo deciso di sposarci per tornare in Sardegna, i miei erano pronti a riprenderci, e Gianluca avrebbe avuto una situazione più tranquilla.

«Il bimbo ci aveva cambiati; anche mio marito che non lo voleva, quando è nato era molto felice.

«Io ho avuto una ricaduta, ancora eroina, ma è quasi normale, perché dovevo affrontare molte difficoltà, cercavo aiuto, anche nella siringa.

«Gianluca era molto sveglio, molto vispo, molto attento, e mi sono accorta che cambiava da un momento all'altro, non stava più diritto, incrociava i piedini, pensavo fosse più delicato degli altri. Poi mi hanno detto che aveva l'AIDS, e tutto è crollato.

«No, io non mi sento in colpa, perché non era prevedibile: durante la gravidanza mi sono fatta seguire dai medici, e tutto sembrava a posto. Le cause vanno ricercate nel periodo storico che stiamo vivendo, e nella situazione socioeconomica del Paese. La tossicodipendenza è una piaga di questa società.»

Antonia è anche una vittima inconsapevole di una certa rettorica populistica, e ripete discorsi come canzonette, anche perché è umano dividere con altri il peso dei nostri errori.

Riprende: «Quando è arrivato Davide, che per me rappresenta la speranza, il mio ruolo di madre, tutti sapevano che il mio sangue è infetto. È logico che i medici e le infermiere prendano le loro cautele, avevano gli occhialoni, tre camici, guanti così, però è diverso come io ho vissuto quelle ore. Mi sono sentita isolata, col bambino Gianluca che stava malissimo, e con la disperazione che anche per Davide finisse così.

«Sono rimasta sempre accanto a Gianluca: sembrava che facesse progressi, tornava a sorridere, giocava. Poi ha smesso di parlare, non poteva più nemmeno stare seduto. Anche i suoi lamenti si facevano sempre più deboli, si assopiva sempre di più, e poi ha dormito per sempre.»

L'ho rivista più tardi: aveva a che fare con la polizia, coi tribunali. Giovanni, il marito, era dentro, Davide, diceva, «in una specie di Istituto, Santo Natale, si chiama. L'ho visto domenica, cammina, comincia a parlare. Sembra che vada bene. Ma mi hanno detto che devono passare tre anni prima che si sappia».

«Quando parlammo della sua storia, lei mi disse che Gianluca vi aveva cambiati, che speravate di avere un altro avvenire. Che cosa è accaduto, invece?»

«Ero abbastanza sincera, credevo di essere pronta ad affrontare una realtà molto dura, mi ci sono scontrata, e mi ha fatto anche molta paura.»

«Paura di che?»

«Di cose più grandi di me, della gente.»

«L'hanno trovata con un pacchetto di eroina, era assieme a un uomo, è stata accusata di spaccio, e assolta per insufficienza di prove.»

«Io ho ricominciato a bucarmi, dopo la morte del bambino, tutte le porte si sono chiuse, e io ho ripreso, e basta.»

«Lei si è difesa davanti al giudice dicendo che si prostituiva.»

«Purtroppo è la verità. Be', non voglio essere vista come un mostro, come un untore. Avevo degli accorgimenti, cercavo di non danneggiare nessuno, però in effetti dovevo vendermi, perché mio marito era latitante, io non avevo una casa, non avevo soldi, dovevo mantenere il bambino, e ho ricominciato a fare quel tipo di vita, anche se è molto brutto, mi fa male anche a parlarne.

«In questo momento ho bisogno di aiuto. Bisogno di lavorare, di stare assieme a Davide. Sto aspettando che succeda qualcosa, che mi porti da un'altra parte, non sul binario della droga. Chi mi darà una mano?»

Ci fu chi era pronto a dare, ma Antonia è sparita, non se ne è saputo più niente. Vorrei non avere mai più sue notizie.

Anche la signora ricoverata in un ospedale di New York è sieropositiva, e la bambina è morta dopo sette mesi.

Una mattina, sulla culla della clinica, c'era un avviso: «Si prega di passare dagli assistenti sociali» e si è resa conto che qualcosa non andava. Non aveva il coraggio di entrare nella stanza, erano tutti nell'ufficio, e questo non le pareva proprio normale.

Quando l'hanno pregata di accomodarsi ha detto: «No, non voglio ascoltare».

Dice: «Mi sono sentita colpevole per non averlo saputo prima di avere un figlio, perché ero un'assassina. Ho ucciso la mia bambina. Non doveva succedere. Eppure non mi sento una persona cattiva. Ma il senso di colpa non è qualcosa che svanisce.

«Ogni volta che ho il risultato di nuovi esami chiamo il medico, o qualcun altro, e piango. Piango fin che non mi sembra di essermi liberata di tutto quello che mi opprime in quel momento. E poi, di solito, il giorno dopo mi sento un po' più leggera.»

Chiude così questo capitolo su rimorso e spavento. E così termina *La peste* di Camus: «Ascoltando, infatti, i gridi d'allegria che salivano dalla città, Rieux ricordava che quell'allegria era sempre minacciata: lui sapeva quello che ignorava la folla, e che si può leggere nei libri, ossia che il bacillo della peste non muore né scompare mai, che può restare per decine di anni addormentato nei mobili e nella biancheria, che aspetta pazientemente nelle camere, nelle cantine, nelle valigie, nei fazzoletti e nelle cartacce e che forse verrebbe giorno in cui, per sventura e insegnamento agli uomini, la peste avrebbe svegliato i suoi topi per mandarli a morire in una città felice».

ULTIMA RECITA

Non sono riuscito a incontrare Bill Cox; non so neppure che cosa ne è stato di lui. Al suo telefono, a Honolulu, risponde la segreteria. Forse è via per un lungo viaggio, forse è ricoverato in una qualche clinica.

Al giornale spiegano infastiditi: «Lavorava qui, se ne è andato nel gennaio del 1986, e non si è più fatto vivo. Non ne sappiamo niente».

Bill Cox è un uomo leale e coraggioso, e mi sarebbe piaciuto conoscerlo. Era Managing Editor allo «Star Bulletin», il più diffuso quotidiano delle Hawaii; una mattina ha deciso; ha infilato un foglio bianco nella vecchia Remington, e ha scritto: «Oggi è il mio ultimo giorno come direttore. Da domani starò a casa in malattia. Si tratta di AIDS. Come giornalista, ho passato tutta la mia carriera cercando di illuminare gli angoli bui. L'AIDS è senza dubbio tra i più oscuri. Ha bisogno di luce.

«L'AIDS, che distrugge il sistema immunitario, è un assassino molto efficace. Annovera tra le sue vittime non soltanto migliaia di esistenze, ma anche il buonsenso, la pietà, e la decenza di tante persone che non hanno il virus.

«Il "Time Magazine" racconta il caso di un operaio della compagnia elettrica, affetto dalla sindrome, che i colleghi hanno minacciato di uccidere se fosse ritornato al lavoro. Molti sono stati licenziati su due piedi. Altri abbandonati dalle loro famiglie.

«Se i dottori si buttano a cercare di scoprire chi ha l'AIDS, questa caccia provocherà profonde violazioni di tipo etico. Le cartelle mediche sono negli ospedali, negli ambulatori e nei centri diagnostici, tutti luoghi dove la gente non tollererà che si vada a curiosare.

«Allora, perché ho violato la mia *privacy,* rivelando a milioni di lettori che ho l'AIDS? Più che altro perché intendo affermare che se non vogliamo essere trattati da paria, dobbiamo smettere di comportarci come se lo fossimo.»

C'è invece chi teme di essere considerato «sospetto», e si affretta a smentire. Rudolf Nureiev, il divo del balletto, il bel Rudy dall'aria ribalda, berretto da marinaio, abiti fastosi e strampalati per farsi ritrarre da lord Snowdon, il fotografo della regina d'Inghilterra, dichiara sprezzante: «Non ho l'AIDS, sto bene. Che si parli pure di me, anche male. Mi fa un grande piacere».

C'è una lunga tradizione, nel mondo della danza, di artisti dalle complesse psicologie, portati a clamorose deviazioni del sesso. La «diversità» in questo ambiente non fa scandalo, non fa quasi notizia.

Un caso clamoroso, una specie di linciaggio morale, ha fatto discutere la Francia, provocando un dibattito d'opinioni, e anche politico. Involontaria protagonista Isabelle Adjani, donna assai bella e attrice molto apprezzata.

Isabelle, che è di origine algerina, si è battuta contro la discriminazione razziale, ha partecipato a cortei, ha raccolto fondi.

Mentre interpretava in palcoscenico *Mademoiselle Julie* di Strindberg, afflitta da stanchezza e da prostrazione, è stata ricoverata in una casa di cura, con la diagnosi di anemia.

Da allora ha ridotto la sua attività in teatro e nei film, e ha inciso qualche disco, tra cui uno, spregiudicatamente intitolato: *La principessa del pisello,* abbastanza allusivo a situazioni per nulla fiabesche.

In Francia la lettera anonima è una forma di comunicazione piuttosto praticata, ed è anche popolare «le corbeau», il corvo, un individuo che, protetto dall'ombra, diffonde notizie inventate e pettegolezzi crudeli.

Diffama, demolisce reputazioni, distrugge famiglie o fortune, e qualche volta ammazza.

Da mesi corre la voce che la bruna Isabelle è malata di SIDA, è gravissima, degente in ospedale, moribonda, addirittura morta. E c'è sempre qualche collega della «nuova Brigitte Bardot» che conferma ai cronisti: l'ho saputo dal medico che l'aveva in reparto, dal suo avvocato, dall'ufficio stampa. Andate a controllare.

Naturalmente, non si trova nessuna conferma, ma i «rumeurs», le voci, insistono. Perché proprio Isabelle Adjani? Perché è ricca, famosa, e molto invidiata, e perché la sua immagine attira le chiacchiere e le malignità.

«È la caccia alle streghe degli Anni Novanta» dice Bernard Paillard, autore di un saggio sulla calunnia, «l'AIDS, o il SIDA, sta provocando una inquietante frattura nella società, fa nascere lo spavento. E dal panico si alimentano i "si dice", le false informazioni. La ricerca della malattia, o addirittura della morte di Isabelle, è stata proprio come l'ossessione del demonio: ed è lei la prima vittima. Non sarà certo l'ultima.»

Le smentite non servono a nulla, e così un sabato sera, l'interprete preferita da Polansky e da Robert Bresson, per liberarsi del peso della denigrazione, e per esorcizzare il Maligno, si presenta nel Telegiornale, per dimostrare che è viva, e che la sua salute non è insidiata dal virus fatale.

Splendida, tesa, «più affascinante che mai», dice quasi commosso Bruno Masure, un popolare *anchor-man*, presentandola.

Isabelle, i grandi occhi blu accesi dalla rabbia e dall'emozione, attacca: «È mostruoso, è come dovere difendersi da una accusa infondata, dimostrare che non si è colpevoli.

«Non ho l'AIDS, credetemi. Da mesi sono vittima di una infame persecuzione che minaccia di distruggere per sempre la mia serenità e il mio futuro. I miei nemici, ma non so chi siano, vanno dicendo che ho quella terribile malattia. La chiacchiera si è diffusa in tutta la

Francia. Finora ho sopportato in silenzio. Ma adesso non posso più tacere.»

Hanno frugato nelle sue vicende: le hanno attribuito troppe amicizie maschili, e uno strano debole per le donne, in particolare per quelle di colore, ma senza fare mai nomi, senza prove sicure, e senza darle, quindi, la possibilità di difendersi.

Poi le hanno addebitato anche il figlio che adora, di cui ha sempre taciuto il padre. E infine, l'ultimo colpo, per buttarla fuori, il SIDA: qual è il produttore che rischia quattrini su una diva che può avere i giorni contati? E ci sono i precedenti: ha già colpito un comico molto amato, Thierry Le Luron, pochi giorni prima del debutto all'Olympia, con un nuovo spettacolo, e il filosofo Michel Foucault, gloria della cultura.

La psicosi dell'AIDS fa il giro del mondo; e in America i seducenti Richard Gere e Burt Reynolds debbono affannarsi a negare.

Ma serve difendersi, sbugiardare, contraddire?

Si legge nel diario di Jules Renard che il capitano Alfred Dreyfus, protagonista di un famoso *affaire* giudiziario, condannato ingiustamente per tradimento alla degradazione e all'ergastolo da trascorrere sull'isola del Diavolo, cenando dopo la riabilitazione in casa di una signora che lo aveva strenuamente difeso, fu interrogato su un caso che in quel momento divideva l'opinione pubblica. Risposta: «Non c'è fumo senza fuoco».

E il corvo, alla fine della trasmissione di Isabelle, si è fatto ancora vivo e ha commentato: «La donna che è apparsa sul teleschermo era una sosia. Isabelle Adjani è morta».

Non troppo spazio è stato dedicato a Michael Bennet, «il re di Broadway» ucciso dall'HIV. «Michael» ha detto esplicito il suo legale, «è morto questa mattina, a Tucson, in Arizona, di un linfoma causato dall'AIDS. La famiglia non ha ancora deciso il posto delle esequie.»

Il suo *A Chorus Line* è in scena allo Schubert Theatre, a New York, da più di dodici anni, e insegue i copioni di Agatha Christie. Ha ottenuto nove *Tony*, che è l'Oscar teatrale, il copione è stato tradotto in film, ed è considerato il più bel *musical* di tutti i tempi.

Racconta le storie dei ragazzi e delle ragazze che affrontano il provino, per entrare in compagnia: e Bennet, per trenta ore, prima di scrivere la trama, raccolse e incise sui nastri una serie di confessioni.

Ritrovava, in quelle vicende, capitoli della sua esistenza: figlio di un meccanico e di una segretaria, andò a scuola di danza a tre anni. Ne aveva diciotto quando esordì sulla scena, e meno di trenta quando fu applaudito come coreografo e regista. A poco più di quaranta ha chiuso.

Quando gli hanno detto la diagnosi, ha scelto la solitudine. Stempiato, gli occhi scuri e lo sguardo assorto, capelli tagliati corti, baffi e barbetta a sottolineare una faccia dai tratti regolari, quasi ascetica, il suo hobby era la psicoanalisi: per dieci anni si era disteso sul lettino, forse alla ricerca di se stesso.

Era stato anche sposato, ma dopo pochi mesi la coppia aveva chiesto il divorzio: poi Michael Bennet si era rifugiato in un piccolo appartamento, a Manhattan, dove viveva da solo, frugalmente. «Sono felice» diceva. «Lavoro, e qualche volta mi piace, così non è neppure fatica.»

Della sua ricchezza, anche 90 mila dollari di guadagno alla settimana, non gli importava gran che: si era comperata una Rolls-Royce nel 1965, la prima e ultima auto, e la lasciava in parcheggio.

Per undici mesi, sapendo, ha aspettato solo di morire.

Anche se per molti codici penali l'omosessualità è considerata un reato o, secondo una diffusissima valutazione morale, una malattia, le vicende tragiche di personaggi assai noti non suscitano né meraviglia né scandalo: incrementano invece la paura.

Si ritorna, alla ricerca di spiegazioni, all'antico, al mondo greco e romano, a Petronio arbitro, che narra di Gitone e degli altri fanciullotti biondi e ricciuti inseguiti per rapidi amplessi, o per durevoli ardori, e si citano il genio di Cesare e la saggezza di Adriano, come motivi di tolleranza, e poi Michelangelo e Leonardo, per spiegare che talento e tendenze inconsuete sono conciliabili, e poi l'America prima di Colombo, dove l'amore era assai libero, nessuno era condannato a stare per sempre con lo stesso uomo, o la stessa donna, la verginità non aveva importanza, nei Caraibi la pederastia era considerata addirittura normale, e rispettata, e anche l'incesto accettato; nelle comunità Maya del Guatemala chiamano ancora *gioco* l'atto amoroso.

E adesso l'AIDS ha colpito anche «il re del film porno americano», John Holmes, detto, per la vivacità e l'esuberanza erotica, «Calibro 38», un altro che avrebbe dato qualche morso al frutto proibito.

Dichiarava, con orgoglio, di avere avuto quattordicimila rapporti sessuali sotto i riflettori (Casanova, al tempo delle candele, non avrebbe raggiunto quota tremila), e forse ce ne è scappato anche qualcuno, purtroppo, quando erano spenti.

Hanno parlato di un cancro al colon, ma a Los Angeles, nell'ambiente delle «luci rosse», tutti pensano ad altri guai.

Nel 1968, Holmes era una delle tante comparse di Hollywood, poi ha cominciato con le interpretazioni ardite e faticose, anche due volte al giorno, a conti fatti, sabato e domenica compresi.

Recitò anche accanto a Cicciolina, l'onorevole Ilona Staller, nel copione emblematico *Carne bollente,* ma appariva ormai giù di forma: era magro e deperito, il volto scavato, e confessò alla biondina che era stanco delle donne e di quel lavoro, e sognava soltanto di ritornare nella sua fattoria. «Con me» rievoca Ilona «è stato dolcissimo.»

Dopo diciotto anni di carriera, nei quali ha rappresentato un po' il simbolo dello smodato erotismo USA, il tumore o la sindrome lo hanno costretto a uscire dal set, e a meditare, invece che sulle illustrazioni del *Kamasutra*, sulle pagine della Bibbia.

Ed è un vero divo americano che ha imposto il suo dramma e l'insidia che si nasconde nell'*Acquired Immuno Deficiency Syndrome* all'attenzione del mondo: si chiamava Rock Hudson, ed era un «fusto» dello schermo. «Non si capisce», scriveva «Life», «se il suo fascino nasce dalla fondamentale onestà o dal torso nudo.»

Per molto tempo è stato in testa alla classifica degli incassi. Cinema, teatro, televisione lo avevano reso famoso. Riceveva, in media, tremila lettere ogni settimana. Aveva baciato o abbracciato le più celebri e attraenti attrici, ma forse solo di Doris Day era stato veramente amico. Avevano recitato nel film *Il letto racconta*, e sembra un titolo anticipatore.

Forse anche per dissipare le dicerie, si era deciso al matrimonio con Phillis Gates, la segretaria del suo agente, che adesso dice: «Non sapevo che Rock fosse *gay*», e parla di un rapporto sostanzialmente normale e felice, fin quando, al termine delle riprese di *Addio alle armi*, in un albergo romano, Rock Hudson l'aveva schiaffeggiata, tentando anche di strangolarla.

Solo più tardi aveva saputo che il marito non aveva voluto raggiungerla negli USA per restare accanto al suo amante italiano.

Roy Scherer, più celebre come Rock Hudson, è spirato il mattino del 2 ottobre 1985, verso le nove, nella sua casa al numero 9402 di Beverly Crest Drive, detta «Il castello».

Sono andato a vederla, un rapido sopralluogo, un giorno d'inverno; il cancello era chiuso, e dal poggio, per colpa della foschia, non si intravvedevano né i monti San Gabriel, né le spiagge del Pacifico.

Il giardino, e il parcheggio delle macchine, erano deserti; si fermò incuriosito un signore che guidava una Chevrolet, penso un vicino, e mi spiegò che era in vendita, a un prezzo stracciato, ma non c'erano acquirenti, perché avevano timore del contagio, che poteva nascondersi anche nei muri.

Eppure, era perfettamente attrezzata: piscina, garage per sei macchine, un piccolo teatro, e tanti fiori e alberi sempre verdi, che vibravano nell'aria calda e secca che vien giù dai canyon.

Alla fine, si è fatta sotto una società anonima, che ha acquistato la residenza per 2,89 milioni di dollari, in lire, più di tre miliardi e mezzo.

Era tornato sulla collina, quando già sapeva della sentenza; toccava proprio a lui la parte di prima vittima illustre dell'AIDS, e aveva deciso di recitarla con dignità.

Nell'ospedale americano di Neuilly era andato a cercare il miracolo, e tutti lo proteggevano e lo incoraggiavano: il centralino negava la sua presenza tra i ricoverati, Ronald Reagan e Nancy chiamavano da Washington, Liz Taylor gli telefonava premurosa: «Che cosa combini, Rocky? Vieni presto via di lì, che facciamo festa».

E intanto, parlando con un redattore del «Washington Post», il responsabile di un centro informazioni sull'AIDS, di New York, diceva, con sfrontatezza: «Noi avevamo un disperato bisogno, sul piano delle relazioni pubbliche che un Rock Hudson contraesse questo male, per potere spiegare alla gente che l'AIDS aveva colpito il divo perché era omosessuale, e che gli altri, quelli che correvano lo stesso pericolo, erano i tossicomani».

Il segreto che lo aveva angosciato per tutta la vita, la verità che cercava di nascondere, veniva divulgata: e lui, forse, si sentiva più libero. «Mi dispiace» disse «dover morire a soli cinquantanove anni, proprio adesso che avevo imparato a vivere.»

Gli avevano scelto quel nome, Rock, perché sembrava grande, forte e sicuro come una roccia, mentre era ansioso, debole, indeciso. Gli uffici pubblicità delle case cinematografiche lo presentavano come il *macho,* e lui confessava: «Sullo schermo non mi piaccio. In sala di proiezione sono imbarazzato. Non so far bene all'amore: nei baci, tutto ciò che mi riesce è pasticciare ceroni. Non mi dispiace cavalcare, ma i cavalli continuano a non volermi bene».

Alto 1,95, aveva interpretato il film *Il gigante,* ma nel suo passato di uomo e di attore non c'era nulla di eccezionale: durante un pezzetto di guerra, lo avevano schiaffato in lavanderia, e quando lo congedarono fece il camionista, il postino, e il commesso viaggiatore.

Esordì nel film *Falchi in picchiata,* e doveva recitare una sola battuta, che è rimasta famosa: «Meglio che tu prenda una lavagna più grande».

Disse invece: «Beglio che tu prenda una ravagna più grande». Stop.

«Meglio che tu plenda una lavagna più brande.» Stop.

«Meglio che tu prenda una livagna più grande.» Stop.

E avanti, per trentasette volte, finché, con consolazione e sollievo di tutti, ce la fece.

Non lo esaltava essere considerato un simbolo del sesso, e si applicava con impegno nel lavoro, tanto da ottenere anche una *nomination* per l'Oscar. I colleghi non lo avevano accolto con simpatia; gli applicavano la battuta che Churchill aveva destinato all'avversario Attlee: «Ha molte cose di cui non essere fiero».

Ma con tanta buona volontà era riuscito a diventare «un rispettabile attore drammatico», anzi una colonna dello *star system:* «Gli accade che invecchiando migliora e per dono di esperienza sembra perfino bravo», scriveva il critico Tullio Kezich.

Non suscitava perfidie o invidia; di solito lo rispettavano: «Non suda. Non ha foruncoli. Sa di latte. Diffonde pulizia e rispettabilità: questo ragazzo è l'immagine della purezza» scriveva «Look» nel 1958.

Per la verità il giovanottone era sconvolto dal suo dilemma; beveva e spariva, si circondava di amichetti laidi e venali, frequentava locali dove erano possibili incontri discreti. Soffriva delle stesse pene di altri amatori dello schermo, come Ramon Novarro, Errol Flynn, Montgomery Clift. Racconta in *Meno zero,* il romanziere rivelazione Brett Easton Ellis, come qualche volta cercano l'interprete di un film: «Non grandi attori. Solo uno dotato di un culo bello come la sua faccia».

E Spin, uno dei protagonisti della sua storia di adolescenti, che non hanno niente a che fare con gli arrabbiati di Salinger, riferisce senza imbarazzo e senza ritegno: «Abbiamo cazzeggiato nell'albergo di mio padre, vicino alla piscina».

È il mondo dei ricchi che, a Hollywood, si muove tra i ristoranti «Il fornaio» o il «Bistro» di Rodeo Drive, tra il Wilshire e il Santa Monica Boulevard, gente alla moda che, è sempre Ellis che descrive, esibisce la felpa Armani, scarpe da barca Gucci, valigie Vuitton, e quando possono corrono verso la spiaggia di Palm Beach o di Malibu sulla «nuova Ferrari rosso-estintore».

E ci sono in giro tanti indossatori biondi e carini, capelli ingelatinati, che espongono il corpo lucido di olio solare, e si organizzano tanti *parties,* spuntini freddi e birra, panini al tacchino o con burro di arachidi, sacchetti di patatine, e poi *Hawaiian Punch*, e *scotch* a volontà, e poiché, nonostante tutto, la infelicità si fa sentire, ci sono pastiglie e polverina, cocaina, *speed, Preludin, Dexoxin,* sembrano nomi di medicinali per tirare su il morale.

Rock Hudson era molto generoso; aveva guadagnato milioni di dollari, e li aveva anche distribuiti con larghezza. Teneva al suo servizio una decina di domestici, gli piaceva vivere bene, viaggiare, non badare a spese.

Anche le avventure gli costavano, e manteneva i prediletti di turno: tra loro cercava anche l'untore, e gli pareva di averlo trovato in Tom Clark, il suo amante di un lungo periodo.

Diagnosticò l'AIDS prima dei medici, e disse a Claire Trevor, l'attrice, che gli faceva compagnia, senza timore dell'infezione e dei pregiudizi: «Se non bastasse lo specchio nel quale vedo già il mio cadavere, c'è il ritorno di Tom a farmi capire che sono in fin di vita».

Ho cercato le due donne che sono state testimoni del suo dramma, e che hanno tentato di capirlo: a Parigi Yanou Collart, che si occupa di relazioni pubbliche, e toccò a lei dare l'annuncio, e a Los Angeles Sarah Davidson, che di Rock ha narrato, anche con crudezza, legami e pensieri, segreti e amarezze.

Yanou è una simpatica signora che vive in un estroso appartamento in un quartiere «chic», conosce quelli che contano, si muove, e parla, con sicurezza, e non ha simpatia per Sarah Davidson: «Quel libro è stato scritto per vendere, e quindi doveva contenere materiale scandaloso. Penso che questo è molto triste. Lei mi ha detto che lo aveva visto due volte, ma non aveva potuto parlargli perché era troppo debole. Ci sono dunque tante cose inventate».

Racconta: «Ho conosciuto Rock durante una cena a Beverly Hills, alla quale era stato invitato, a casa del mio amico Danny Kaye. Dieci anni fa. Appena è entrato, ho subito pensato che era fantastico, così divertente: aveva un sacco di cose interessanti da raccontare, ero proprio in ammirazione.

«Ma Sylvia Kaye, la moglie di Danny, mi è venuta vicino e mi ha detto: "Yannot, non farti illusioni". È stato così che ho saputo che Rock Hudson era omosessuale.

«Non si avvertiva assolutamente, era molto virile. Non aveva né i gesti né gli atteggiamenti né il modo di parlare dei *gay*. Non si notava affatto. È stato rendendosi conto che avevo avuto una specie di colpo di fulmine per lui che Sylvia mi ha detto: "Non fa per noi".

«Ho dei ricordi fantastici di Rock. Lavorare con lui è stato meraviglioso. Era così allegro, ed era un vero professionista. Avevamo una passione in comune: mangiar bene. Adorava la buona cucina e gli piacevano i vini raffinati. Andavamo molto d'accordo.

«Quando è venuto al Festival del film americano, nel 1985, ci siamo visti a Roma, in settembre, per festeggiare il mio compleanno. Gli ho organizzato qualche intervista, e un viaggio a St. Tropez, e ha insistito per rimanere solo. Ero un po' sorpresa che si fermasse così a lungo.

«Soltanto un anno dopo, quando è tornato con la salute a pezzi, ed è svenuto all'Hotel Ritz, e mi hanno chiamata, il suo amico Mark Miller mi ha rivelato che Rock aveva l'AIDS. L'altra volta era andato al Pasteur a farsi curare dal dottor Dormont, il medico militare che ha scoperto l'HPA 23, un farmaco che non salva, ma frena il decorso.

«Tre anni prima, Rock Hudson aveva subito una grave operazione al cuore: il by-pass a cinque, e dopo, anche quando si spostava, era accompagnato da un ragazzo di nome Ron Channel, che non era assolutamente frocio, e che tutti i giorni gli faceva fare degli esercizi. Era uno dei pochissimi amici di Rock che sapevano.

«Era stato il suo "entourage" a spingerlo a parlare. È tornato per riprendere le cure che aveva interrotto, perché voleva assolutamente fare quella parte in *Dinasty*, doveva baciare la bella Linda Evans, ma il suo stato fisico era talmente debole che non gli permetteva certo di decidere se dirlo al mondo o tacere.

«Non penso che sapesse che doveva morire. Credo che si speri sempre di avere del tempo davanti.

«Quando il dottor Dormont lo visitò all'ospedale americano si rese conto che non si potevano riprendere le cure: occorreva un lungo periodo di convalescenza per ridargli le forze. Rock era completamente disidratato e aveva anche una diarrea cronica.

«Ci voleva almeno una sosta di sei o sette settimane, e allora Rock è stato preso dal panico. Certo, era solo, malato, e in un paese straniero. Ha avuto molta paura, e mi ha detto: "Vorrei andare a casa, a Los Angeles, e poi tornare quando mi sentirò meglio". Questo dimostra che non si rendeva conto della gravità del suo stato.

«Penso di avere passato accanto a lui i momenti più angosciosi e desolati della mia esistenza. Si trattava di un amico, e devo dire che non dimenticherò mai i suoi occhi, quando gli ho letto quello che avevano scritto.

«Mi sono resa conto che capiva benissimo ciò che spiegava il comunicato stampa. Era perfettamente lucido. Bisognava che fosse d'accordo sul testo. Ho visto nel suo sguardo sgomento che la sua vita crollava; da sempre aveva nascosto la sua diversità. Con quell'annuncio la rivelava a tutti.

«Per lui è stato drammatico. Quando ho finito mi ha detto: "Se si deve fare, va bene; vai, fallo". "Go and read it to the dogs", vai a leggerlo ai cani, mi ha detto.

«Non ricordo se ha pianto. Ho fatto quello che mi ha chiesto di fare. Non so come mi sentivo. Ho in mente solo un bombardamento di domande. È stata una battaglia tremenda. Non vorrei ripetere l'esperienza.

«Era presente, ma non partecipava a quanto accadeva al di fuori della sua stanza d'ospedale.

«Quando Mark Miller ha stabilito di trasferirlo a Los Angeles, dopo un consulto con un cardiologo, il permesso è stato dato a condizione che sull'aereo ci fossero strutture per la rianimazione. Sono stata costretta a noleggiare un 747 solo per lui. Da quando si era saputo che Rock Hudson aveva l'AIDS nessuna linea aerea voleva portarlo.

«Gli hanno praticata una iniezione e siamo andati. Ho fatto in modo che nessun giornalista sapesse della sua partenza. È stato portato in ambulanza fino all'eliporto, alla Porte de Sèvres. Avevo noleggiato un elicottero e ottenuta l'autorizzazione ad atterrare a Roissy con le formalità doganali già sbrigate.

«Non volevo che la stampa fotografasse Rock in barella con le flebo: sapevo che quel flash valeva moltissimo. Quelli del «National Enquirer» mi avevano offerto centomila dollari per una istantanea di Rock all'ospedale.

«Quando siamo saliti sull'aereo si è risvegliato e si è disperato, era preso dal terrore.

«Ha chiesto: "Ma dove sono?".

«Gli ho risposto: "Rock, sei su un 747 che ti riporterà a Los Angeles".

«Lui allora ha detto: "Siamo già in volo?".

«Gli ho risposto di no.

«Allora mi ha chiesto: "Dov'è Mark Miller?".

«Gli ho spiegato: "Ha dovuto rimanere a Parigi per sistemare i conti e così via, ma all'arrivo ti aspettano tutti i tuoi amici".

«"Ma tu non vieni con me?" mi ha chiesto.

«Ho dovuto dirgli che non l'accompagnavo. Era avvilito: "Sono solo".

«Gli ho presentato l'infermiera e i due medici dell'Europe Assistance che lo avrebbero seguito durante il viaggio e si è calmato. Ha guardato la ragazza e ha sorriso: "Ah, ma è proprio carina".

«Allora io ho detto: "Rock, non cominciare, lo sai che sono gelosa", e lui, ironico: "Allora, vieni con noi".

«Era a letto, stava molto male, l'ho abbracciato e sono andata via. Ma non era più in grado di rendersi conto della sua situazione.

«Penso che sapere di avere l'AIDS sia stato tremendo. Ha vissuto un periodo spaventoso perché allora la malattia era considerata la peste, e costringeva il malato all'isolamento totale.

«Per questo anche il suo amante Marc Christian non lo aveva mai saputo, non è mai stato avvertito. In un certo senso quello fu un silenzio criminale, perché hanno continuato ad avere rapporti intimi. Rock non gliene ha mai parlato, e Marc Christian ha scoperto che Hudson aveva l'AIDS quando mi ha vista che lo annunciavo alla televisione.

«Ma ripensandoci, queste sono le reazioni di un essere umano che ha paura di venire abbandonato da tutti. Ha fatto una scelta senza pensare alle conseguenze.

«La cosa più sorprendente è che, dopo, a tutti quelli che erano stati vicini a Rock, è stato fatto un esame del sangue, e nessuno è risultato positivo. È chiaro che Rock ogni tanto andava a San Francisco da solo, e quindi non si può essere sicuri.

«Ma ai medici rimane un enorme dubbio, e

cioè che sia stato infettato quando ha subito quella operazione a cuore aperto, e gli hanno fatto anche una trasfusione.»

Era ridotto a uno straccio, pesava cinquantacinque chili, ma trovò ancora la forza per tirare avanti, e per accettare la sua sorte.

A Doris Day che andava ogni tanto a trovarlo al Castello, e che tentava di fargli coraggio, disse: «Non preoccuparti, mi troverò bene anche nell'aldilà: ho tanti amici sia all'inferno che in paradiso. Forse starò meglio che quaggiù».

Sarah Davidson, la biografa di Hudson, è una giovane scrittrice, che lavora anche per la TV: è sposata, è madre di due bambini. Mi ha accolto con molta cortesia e mi ha parlato senza impacci: da professionista, non coinvolta dal soggetto, ma senza cinismo.

«Ho incontrato Rock Hudson, per la prima volta, meno di un mese prima della sua morte. Andai a casa sua, a Beverly Hills, una villa immensa, sovrastante River City.

«L'edificio era abitato esclusivamente da uomini, due amanti maschi, uno che aveva vissuto con lui negli ultimi tempi, e un altro che gli era stato accanto prima, c'era inoltre un maggiordomo, un segretario, un cuoco e numerosi amici. Tutti signori.

«Sedevano, insieme a Rock, in cucina. Rock indossava un pigiama da casa, stava in mezzo alla compagnia, e non aveva certo un aspetto dei più belli.

«Chiacchieravano, ma lo vidi sofferente, molto, molto magro, gli occhi cerchiati da orbite profonde, era ripiegato su se stesso, sentiva freddo.

«Ma c'era qualche cosa nel suo sguardo, una specie di vigore, una forza vitale. Questa luce particolare lo rendeva attraente, forse si trattava proprio di quella particolare chimica posseduta, come molti dicono, dagli attori. Quel certo carisma.

«Nei suoi occhi c'era tutto. A quell'epoca era già molto malato, ma voleva che si scrivesse un libro. Francamente la cosa mi è parsa un po' strana, soprattutto perché il tempo che gli rimaneva da vivere era decisamente poco. Gli chiesi il perché di questo insolito desiderio, mi rispose che su di lui erano state dette e scritte tante sciocchezze, tante cose non vere, ed era arrivato il momento di raccontare la verità.»

«Cosa l'ha spinta ad accettare?»

«È stata una fatalità, era destino che dovesse succedere. Mi trovavo a New York – una visita di un solo giorno – discutevo il progetto di un lavoro e proprio in quel momento il legale di Hudson, che aveva deciso di narrare le sue memorie, cercava qualcuno che le traducesse in pagine. I nostri cammini si sono incrociati e in brevissimo tempo eravamo tutti d'accordo.

«Io ero soprattutto interessata ai film che Rock Hudson aveva girato con Doris Day; avevano lasciato un segno profondo in me quando ero una ragazzina e frequentavo il liceo. Rappresentavano perfettamente quello che succedeva fra un uomo e una donna negli Stati Uniti alla fine degli Anni Sessanta. L'inizio di una rappresaglia sessuale; Doris Day era la vergine e Rock Hudson il playboy. Lei voleva sposarsi e lui voleva soltanto andare a letto con lei, e la battaglia fra i due era identica a quella combattuta da tutti gli uomini e le donne del paese. Lei alla fine vinceva, finiva sempre col matrimonio, ricordo che queste vicende per me costituivano quasi una lezione di morale. Se io mi fossi comportata come Doris Day, se avessi mantenuto fede ai miei princìpi – non diventando perciò "merce avariata" – avrei potuto probabilmente sposare qualcuno come Rock Hudson.

«Ma ero anche curiosa di capire quello che aveva significato per Rock vivere due esistenze nello stesso tempo. Una doppia vita a Hollywood per un periodo di quarant'anni. Sullo schermo era un eroe romantico, l'uomo perfetto sognato dalle donne che avrebbero desiderato essere strette fra le sue braccia, mentre nella realtà lui preferiva intrattenersi con altri uomini.

«Ma doveva continuare a fingere, doveva trascorrere le sue giornate nella più totale segretezza: Rock disse che era quasi come sentirsi una spia. Si può essere qualcuno in pubblico, ma ritrovarsi totalmente diversi in privato non è facile; inoltre bisognava stare attenti che nessuno scoprisse il mistero.

«Seguiva scrupolosamente determinate leggi sue. Quando viveva con qualcuno – aveva due linee telefoniche – non permetteva mai all'amico di rispondere alle chiamate. Se si trattava di andare in società non si presentava con l'uomo con il quale stava, ma al braccio di una donna.

«Solo quando era in confidenza si mostrava con l'amante di turno. Con uno, avevano addirittura stabilito un codice, dicevano: 1-2-3, se volevano dirsi "ti amo". Non potevano certo dichiararlo davanti ad altri. La sua carriera sarebbe stata spezzata.»

«Che rapporti aveva con le donne?»

«Molte di noi pensano che uno è omosessuale oppure è normale. Una cosa o l'altra. Quando Kinsey ha condotto il suo studio sulla sessualità maschile negli Anni Quaranta, ha scoperto che vi era una specie di *continuum*, da un lato vi erano gli esclusivamente omo e dall'altro quelli totalmente etero.

«Molti si trovavano però nel bel mezzo; Kinsey ha detto che uno su tre ha avuto, a un certo punto, un rapporto, o per lo meno un incidente, di tipo omosessuale. Questo per l'arco di tempo che va dalla pubertà alla morte.

«Rock Hudson amava definirsi bisessuale, direi che per un buon settanta per cento era nel giusto, amava le donne, amava amoreggiare con loro, è stato anche sposato per un breve periodo, aveva avuto alcune relazioni. Non è che non provasse niente per loro.

«Attrici che hanno lavorato con lui, Doris Day, ad esempio, mi ha detto: "Quando la gente mi chiedeva se era vero che Rock era *gay* io rispondevo: 'Non certo quando è vicino a me'. Non mi sembra assolutamente diverso da tutti gli altri attori con i quali ho girato dei film".

«Susan St. James, che è comparsa con lui in uno show televisivo per molti anni, ha raccontato: "Potevo abbracciarlo e prendermi anche l'orticaria, riuscivamo sempre a concludere tutto molto bene, non ha mai avuto nei miei confronti atteggiamenti diversi da quelli che avevano gli altri".

«Rock possedeva indubbiamente quel certo quid con le donne. A volte aveva anche il desiderio di avere un legame, ma indubbiamente preferiva stare con gli uomini.»

«Il suo rapporto con Doris Day è stato un po' diverso, un po' speciale?»

«Erano molto legati l'uno all'altra, avevano un'amicizia profonda, è stata sempre una intesa piena d'allegria. Rock diceva che per formare una buona coppia cinematografica è fondamentale che fra i due esista il massimo accordo, e che si vogliano bene. Devono divertirsi insieme, gli occhi debbono scintillare e questo accade quando due persone si apprezzano e sono cose che sullo schermo si vedono. Scherzavano molto, si erano addirittura dati dei soprannomi buffi, per loro il lavorare in coppia era un vero piacere. Sì, direi che è stata una combinazione proprio speciale.

«Alla fine della sua vita infatti, l'ultima cosa che Rock ha fatto, è una registrazione per la TV, per uno show che Doris faceva su una rete via cavo. Una piccola stazione.

«Doris ha chiesto a Rock di essere il suo primo ospite, lui era già molto malato, mancavano solo sei settimane alla sua morte, ma accettò. Aveva perso quasi venticinque chili, non aveva un aspetto gradevole, non aveva più energie, non riusciva a mangiare, nemmeno a trattenere cibo nello stomaco, avrebbe dormito in continuazione.

«Eppure, quando Doris gli chiese di partecipare al suo programma accettò immediatamente. Tutti cercarono di dissuaderlo, dicendogli che non aveva una bell'aria, ma lui disse che voleva farlo per Doris: "L'ho promesso e ci andrò".

«Rock aveva sempre molto personale nella sua casa, ma amava i modi semplici. Non voleva atteggiamenti formali, non desiderava sentirsi chiamare "Signor Hudson" da una persona in giacca e cravatta. Diceva: "Lasciate che indossino quello che gli pare; voglio che pranzino e cenino insieme a me, tutti alla stessa tavola".

«Qualcuno scherzosamente definì questo atteggiamento "La Repubblica Popolare di Hudson".

«Quando dopo il primo incontro lasciai la villa, il maggiordomo, un inglese molto distinto e un po' grassoccio, mentre io attraversavo il patio, correva attorno senza nient'altro addosso, se non un asciugamano.

«Quando me ne andai cominciai subito a pensare in che razza di impresa mi ero cacciata. Una casa di soli uomini, un attore che sta morendo di AIDS e tutti gli amici che gli stanno intorno chiacchierando del più e del meno.

«Una parte di me era tentata di fuggire senza voltarsi indietro.»

«Come ha vissuto Rock Hudson il suo dramma, la paura della morte?

«So che gli stadi attraverso i quali uno passa sono numerosi, almeno così mi hanno detto, quando sa di dover morire.»

«La prima reazione di Rock è stata il rifiuto: diceva che assolutamente non aveva quella malattia. "I medici sbagliano" insisteva, "io non ho quel male e non voglio parlarne".

«Lo disse soltanto a due persone: a Mark Miller, suo segretario per molti anni, e all'uomo che con Mark viveva, un attore chiamato George Nader. Miller e Nader hanno abitato a Roma per circa dieci anni, Nader recitava in Germania. Adoravano vivere in Italia. Rock si confidò con loro perché erano i suoi migliori amici, ma nessun altro doveva saperlo.

«Sosteneva comunque che non gli sarebbe successo nulla, e che la sua vita sarebbe andata avanti come sempre.

«Si recò a Parigi per tentare una terapia con un farmaco ancora in via di sperimentazione, HPA-23, e anche in quell'occasione non raccontò nulla, si portò dietro un giovane compagno di viaggio un certo Ron Channel, suo istruttore di ginnastica. Portò Ron con sé a Parigi, ma non gli spiegò che andava per sottoporsi a una terapia con questo farmaco.

«Ogni mattina si assentava, gli diceva che andava a sentire una conferenza, o a leggere un copione. Invece, con un taxi, si recava in un ospedale dove gli iniettavano la medicina.

«Voleva divertirsi, voleva pensare che tutto andasse avanti come sempre, il dottore che lo curava mi disse che aveva la sensazione che Rock Hudson considerava impossibile morire a causa di un germe talmente infinitesimale.

«Poi iniziò a perdere peso, a perdere vigore, ad avere un aspetto sofferente. Cominciò a rendersi conto che effettivamente era molto malandato. La sua reazione fu di rabbia: perché proprio io? Cosa ho mai fatto? Io non conosco nessuno affetto da AIDS, allora perché proprio a me? Soltanto nei momenti conclusivi è riuscito a darsi pace sentendo che arrivava la fine.

«Nelle ultime settimane il suo compagno di molti anni – Tom Clark – si era trasferito da lui, e la notte uscivano sulla terrazza, sedevano al chiaro di luna e osservavano le luci della città.

«Una volta, mentre stavano fuori, era una sera calda e tranquilla, proprio uno di quei momenti che Rock amava maggiormente, si misero a parlare dei viaggi fatti insieme.

«Erano stati in tutto il mondo, dai Mari del Sud alla Sicilia, all'Africa, alle Hawaii, dappertutto, anche in Giappone.

«Tom disse a Rock: "Sai Rock, tu non fai niente per lottare, abbiamo combattuto numerose battaglie insieme e abbiamo sempre vinto. Vuoi farlo ancora insieme a me?".

«Rock rispose: "No, credo proprio di no".

«"Ma perché?"

«Rock rispose: "Perché sono pronto".»

«Chi erano quelli che gli stavano attorno? Quale era la loro mentalità?»

«Rock aveva costituito una famiglia. Come molti omosessuali che non hanno questo rifugio tradizionale, ne aveva creata una di un altro tipo nella quale si sentiva comodo e al sicuro. Un gruppo nel quale puoi avere fiducia negli altri componenti sapendo che qualsiasi cosa accada saranno presenti. Un piccolo clan di amici molto legati fra loro, tutte persone che erano state con lui per trentacinque anni.

«Io li ho trovati tutti molto intelligenti, assai civili, gente a posto. Tutti affezionati a Rock, legati a lui, nessuno di loro era esplicitamente *gay*, non almeno secondo lo stereotipo che noi abbiamo, cioè: che normalmente sono dei parrucchieri, con movenze strane. Questo concetto non corrisponde a verità. Nel mondo dei pederasti la gamma dei personaggi è molto ampia, tra quelli che hanno un aspetto prettamente femminile e quelli invece che appaiono del tutto normali.

«Rock amava gli uomini di questo tipo, non voleva attorno a sé persone dall'ovvio atteggiamento degli invertiti.

«Aveva anche un certo schema che seguiva nella scelta dei partner; preferiva i biondi, alti, con gli occhi azzurri, ben costruiti, dovevano possedere un portamento giusto, non marcatamente diverso. Non gli dispiaceva se questi suoi compagni di avventura amavano anche le donne; questo li rendeva più maschi ai suoi occhi.

«Durante le mie interviste a tutti coloro che avevano vissuto con Rock, cominciai ad avere la sensazione di incontrare sempre la stessa persona, erano tutti biondi, con gli occhi azzurri, alti, con una bella corporatura. Cambiava soltanto l'età, più indietro negli anni si andava più vecchi erano.

«A volte riuscivo a stento a trattenere una risata, bussavo a una porta, e quando questa si apriva mi ritrovavo di fronte a un biondo, con gli occhi azzurri, alto. Generalmente avevano anche i baffi. Non so perché, erano tutti intelligenti e di spirito. Lo spirito era importante per Rock come era importante la musica. La musica era per lui come l'aria, ne aveva bisogno per vivere.»

«Dal suo libro esce un personaggio con una doppia vita. Un uomo che ha avuto relazioni appassionate e torbide. Le ha mai parlato di come è stato contagiato dall'AIDS?»

«Rock non sapeva come e chi l'aveva infettato. Per lo meno non lo ha mai detto a nessuno. Il medico che ha avuto Rock in cura mi ha detto che con un tipo di malattia trasmesso per via sessuale non si può mai essere sicuri di come una persona rimane coinvolta, soltanto chi è colpito dalla malattia è in grado di conoscere quanti partner ha avuto e chi erano.

«È stato detto che Rock può essersi ammalato durante una operazione per l'inserimento di by-pass cardiaci. Questo avveniva nel 1981.

«L'operazione ebbe luogo in un ospedale nella parte occidentale di Hollywood, un luogo dove la popolazione gay era numerosa. Gli fecero molte trasfusioni in quell'occasione. È possibile che sia accaduto in quell'epoca, certo sarebbe una bella beffa.

«Credo che nessuno sia in grado di smentire il fatto che Rock ha avuto una quantità immensa di amanti. Il suo appetito sessuale era formidabile, amava la conquista, l'avventura, nella sua vita erano entrate molte persone. Ciascuna di loro può essere stata veicolo del virus.

«Prima che questo fatto fosse risaputo lui baciò Linda Evans durante una ripresa. Come affrontò questa situazione?»

«Quando Rock si dichiarò d'accordo di girare *Dinasty* non sapeva che avrebbe dovuto affrontare quel problema. Il copione gli venne dato pochi giorni prima dell'inizio della lavorazione; entrò nella cucina dove sedeva il suo amico Mark Miller e buttando la sceneggiatura sul tavolo disse: "Devo baciare Linda Evans, cosa posso fare?".

«Era ancora nel periodo in cui della sua malattia nessuno sapeva niente, eccezion fatta per il medico e i suoi due amici, e anche il maggiordomo.

«Si domandava se doveva andare dal regista per dirgli che non poteva prestarsi a quella scena perché malato di AIDS. Sentiva che se avesse fatto una simile affermazione non avrebbe mai più lavorato. Per Rock una vita senza lavoro non valeva la pena di essere vissuta. Voleva stare sul set fino a cadere esausto.

«Era la sua principale preoccupazione. Prese perciò una decisione assai problematica, decise di rispettare la trama. Io domandai ai suoi amici perché mai non avesse trovato una scusa, una affezione della bocca. Gli amici mi risposero che su Rock c'erano già delle chiacchiere che circolavano, che avesse l'AIDS, un cancro, che soffrisse di anoressia. Perdeva costantemente peso e il suo fisico denunciava la decadenza. Se avesse fatto obiezioni sarebbe nato il sospetto.

«Ma era terrorizzato, quel giorno fu per lui spaventoso, non so quanti dentifrici o collutori abbia usato, non certo che servissero a molto, erano un futile tentativo di difesa.

«Non si trattò di un bacio appassionato, Linda Evans si staccava da lui e lui la baciò quasi su una guancia. Al suo ritorno a casa disse: "Grazie al cielo è finita." Ma sapeva che quella storia gli sarebbe costata.

«La cosa più interessante è che Linda Evans non si è arrabbiata quando ha scoperto che Rock era affetto da AIDS. Molti erano addirittura scandalizzati, soprattutto i fans di Linda, si domandavano come avesse potuto farle un tiro simile senza avvisarla. Dicevano che Linda avrebbe dovuto essere in grado di decidere se assumere il rischio o meno. Linda invece ha dimostrato molta comprensione.»

«Chi ha detto a Rock Hudson: lei ha l'AIDS?»

«È stato un dermatologo – una donna chiamata Letantia Bussell – a dare a Hudson la notizia: lui pensava di avere un brufolo sul collo. Da più di un anno soffriva per questa chiazza dolente e rossastra. Non le aveva prestato molta attenzione, poi venne invitato alla Casa Bianca per una cena, alcuni fotografi lo ritrassero insieme al presidente Reagan e alla moglie Nancy. Uno gli scattò una foto di lato e il foruncolo era perfettamente visibile. Il segretario di Rock lo consigliò di andare da un medico, perché l'aspetto della pustola era impressionante.

«Rock si recò dal dermatologo, per farsela togliere. Ma era troppo grossa per essere rimossa da una specialista della pelle, era meglio si recasse da un chirurgo plastico. Volle comunque eseguire una biopsia.

«Lo chiamò alcuni giorni dopo e gli disse: "Lei è seduto in questo momento?".

«Lui chiese perché e lei rispose: "Mi dispiace di doverle dire che è affetto da AIDS. L'abbiamo scoperto facendo l'esame".

«La cosa curiosa del carattere di Rock è che era un perfetto giocatore di poker. Ricevette la telefonata e non ne parlò a nessuno per oltre ventiquattro ore, se lo tenne per sé e continuò a occuparsi di quello che stava facendo. Prese un appuntamento per recarsi da un chirurgo e si fece asportare l'escrescenza. Vide anche altri medici, ma non disse niente.

«Un pomeriggio era seduto nel suo ufficio con il suo segretario Mark Miller e gli disse: "C'è qualche cosa che devo dirti. Ho l'AIDS".

«Mark a quell'epoca non sapeva nemmeno cosa fosse l'AIDS, era il 1982 e nessuno di loro conosceva qualcuno affetto dalla sindrome. Sapevano soltanto che di AIDS si muore.

«Era come se qualcuno avesse detto che Rock sarebbe stato giustiziato, e la lama si abbassò con un suono terribile. Mark gli chiese se desiderava facesse qualche cosa. Rock gli rispose: "Silenzio assoluto. Nessuno deve sapere".»

«Lei ha detto che fino a un certo momento nessuno sapeva niente dell'AIDS. È stato forse in un certo senso il caso di Rock Hudson che ha fatto sì che l'attenzione si concentrasse sulla malattia?»

«Credo tutti abbiano riconosciuto che Rock Hudson ha dato all'AIDS una faccia. Per sette anni è stato il più grande attore di cassetta del mondo. Non c'era persona sulla terra che non conoscesse Rock Hudson, il suo volto.

«Di colpo Rock viene annientato dall'AIDS. Se qualcuno come Rock Hudson poteva avere quel male, allora il virus avrebbe potuto colpire chiunque.»

«Si è mai vergognato delle sue condizioni e del fatto che la gente ne fosse a conoscenza?»

«Rock si sentiva molto a disagio, pensava di aver deluso tutti. Il suo timore più forte era che il pubblico scoprisse questa vicenda intima, subendo un grosso disinganno. A quell'epoca essere affetti da AIDS ed essere *gay* era tutt'uno. Rock si augurava di morire per una crisi cardiaca e non per colpa del virus. Così nessuno avrebbe mai saputo la verità.»

«Quando seppe di avere l'AIDS ha più avuto rapporti con i suoi amanti?»

«Non saprei proprio, non so se continuò o meno.»

«Come hanno reagito i suoi compagni? Hanno smesso di avere legami con lui?»

«Alla fine viveva con un uomo chiamato Marc Christian, e questo Christian ha fatto causa a chi gestisce la proprietà di Hudson chiedendo milioni di dollari. Sostiene che Rock ha continuato con effusioni sessuali anche dopo. Comunque Rock non è più qui a rispondere di queste accuse, la causa è stata presentata dopo la sua morte. Io non ho avuto perciò la possibilità di chiedergli qualche cosa a questo riguardo.

«Gli amici più vicini a Rock sono dell'opinione che la relazione fosse già finita e che non esisteva più niente fra i due. Vivevano due vite separate, estranee l'una all'altra.»

«Come finirà questa questione?»

«Mi dispiace, non sono in grado di fare nessun commento. Né di avanzare alcuna ipotesi.»

«Qual è l'ultima immagine che conserva di lui?»

«Insieme a Rock ho passato un periodo brevissimo; quello che ricordo più vividamente è il fatto successo alcune notti prima della sua morte.

«Entrai nella sua stanza, se ne stava in camera perché era troppo debole per alzarsi dal letto, io mi sarei assentata per un giorno per un'intervista a New York, e volevo dunque salutarlo.

«Mi dissero che probabilmente non si sarebbe nemmeno svegliato, invece aprì gli occhi e mi guardò e sorrise. Un sorriso che illuminò il suo viso, era come se tutta la bellezza del suo essere fosse riposta nei suoi occhi, che erano splendenti. Un sorriso arcano.

«Mi domandavo da dove venisse questa luce perché il suo corpo era ridotto a pelle e ossa, non rimaneva niente, e tuttavia emanava questa potenza, mi guardava e sorrideva. Io dissi qualche cosa del tipo: "Rock stringiamo tutti i pugni per te". Lui mi rispose: "Grazie".

«Ho proprio avuto, come ho detto, la sensazione che la luminosità della sua persona si fosse riversata nel suo sguardo e che si era verificata una riconciliazione con quello che stava succedendo e con quello che sarebbe accaduto. È stato un momento molto intenso e commovente. Non lo dimenticherò mai.»

Ha lasciato un testamento, comprese le istruzioni per il suo funerale, e un milione di dollari per una fondazione che porta il suo nome, per la ricerca sull'AIDS.

Ha voluto una festa, a base di champagne e caviale, e guai se qualcuno, invece di divertirsi, si fosse disperato, o avesse pianto. Solo cinquanta invitati, e un breve viaggio. Su un panfilo in rotta verso l'isola Catalina, di fronte a Los Angeles.

Poi musica, suonata da una orchestra messicana, motivi che sanno di sole e di passioni ardenti, e intanto una mano pietosa lanciava verso il mare, in un breve turbinio d'aria, le ceneri di Rock Hudson, attore celebre e uomo infelice.

I motori della barca erano spenti. Una sua vecchia partner, asciugandosi coi Kleenex qualche lacrima che scioglieva il trucco disse: «Non ho mai visto le donne impazzire per nessun altro come per Rock». Poi gettò anche lei qualche fiore, che galleggiò per un poco sulle onde grigie, e infine scomparve.

VIAGGIO NELLA PAURA

Diceva Bertrand Russell, filosofo realista, che la paura è la principale fonte di superstizione e una delle maggiori cause di crudeltà.

Una prova? Alcune telefonate ascoltate a un centralino di Pronto Soccorso, dove medici e psicologi rispondono a sconosciuti tormentati dal dubbio dell'AIDS.

C'è il ragazzo che ha appena fatto l'amore con una compagna vergine, e vuol sapere se è pericoloso; c'è il signore napoletano che vede l'insidia anche nella tazzina del caffè; c'è l'omosessuale che ha rapporti orali e anali, ma forse li ritiene insufficienti. E allora usa anche strumenti di gomma e di plastica, e bottiglie di vetro. Possono essere veicoli del virus? E il denaro che è così sporco?

Ma da dove viene, dove è nato questo organismo infinitamente piccolo che muta di continuo, e semina l'angoscia? La sua origine è misteriosa. E nell'ossessione della ricerca ogni indizio, od ogni sospetto, alimenta voci, speranze o perplessità.

Nell'ippodromo di Maracaibo, in Venezuela,

sono morti cinque bellissimi purosangue, di un morbo che abbassa le difese immunitarie, rendendo l'organismo vulnerabile anche a infezioni di poco conto. C'è un rapporto con la funesta sindrome?

Poi gli indizi sono caduti su una certa pianta tropicale, che i botanici chiamano *Dracaena massangeana*, o *Yucca elephantipes*, ma per la gente è il bene augurante «tronchetto della felicità»: nell'America centrale le sue foglie larghe servono per frangere il vento, nei salotti per adornare, ma le chiacchiere le han tolto ogni fascino, anche se è certo che nessuna malattia virale degli alberi può contagiare l'uomo, e viceversa.

Si è parlato delle zanzare, ma la quantità di sangue infetto che iniettano è insufficiente a procurare il contagio.

L'animale su cui si appuntano le maggiori circostanze sfavorevoli è quello che più ci assomiglia, dal punto di vista genetico: lo scimpanzé. È il poveretto che subisce anche tutti i rischi degli esperimenti. Anche il suo comportamento psicologico non è molto diverso dal nostro: Jane Goodall, che per oltre venti anni lo ha studiato nel suo habitat, dice che sente la disperazione e il dolore fino al suicidio. Nel suo plasma, l'HIV resta attivo e si moltiplica, ma nessuna scimmia è ancora morta di AIDS.

Pare che il virus sia stato evidenziato per la prima volta tra i cercopitechi grigioverdi dell'Africa centrale, e un nero, bantu o nilotico, sarebbe la vittima numero uno. Ma nessuno ha ancora dimostrato la verità di questa tesi.

Poi ci sono altre fantasiose supposizioni: la condanna verrebbe direttamente dal cielo. In una cometa vagante c'erano i microbi assassini, che poi sono caduti sulla terra trascinati dalla pioggia.

La TV di Kinshasa diede una volta una spiegazione più semplice e più politica: il pericolo era contenuto nello scatolame proveniente dai paesi ricchi; rimedio facile: mangiare all'africana.

Il dottor Nelson Sewark, il maggior esperto ugandese, pensa che tutti i guai sono nati, forse per un errore, in un laboratorio virologico. Ha dei sostegni.

L'autorevole rivista «Lancet», riportando l'opinione di un ricercatore di Harvard, fa risalire il dramma a un haitiano immuno-depresso, che avrebbe mangiato carne cruda di un porco vittima della peste suina, e sviluppato un nuovo ceppo, che poi avrebbe esportato negli USA.

Migliaia di operai partirono dalla lussureggiante e miserabile isola delle Grandi Antille per andare a lavorare, negli Anni Sessanta, nello Zaire: ecco un altro itinerario. Ma perché ci sono voluti due decenni perché il «caso» scoppiasse?

Certo Haiti ha un posto di tutto riguardo nel tragitto del peccato, o di quella che certi spiriti francesi, eccessivamente romantici, chiamano *maladie d'amour*.

Il Carrefour, il quartiere sordido di Port au

Prince, è una centrale dell'AIDS, una specie di paradiso, salvo inconvenienti postumi, per chi cerca puttane di tutti e due i sessi: fanciulle dalla splendente pelle nera, capelli sottili, occhi ardenti, girano tra i tavolini del «Copacabana», in un tripudio di rhum, di birra e di raggae, e la tariffa, per una scopata in una stanza squallida, è di dieci dollari.

Per chi si accontenta delle offerte del marciapiede, e di un amplesso rapido, nel buio della spiaggia, con l'accompagnamento un po' lugubre dell'oceano, si scende a cinque: quanto basta per mantenere una famiglia.

Agli omosessuali viene attribuita, in larga parte, la responsabilità dell'insidia che domina la vita della così detta «regina dei Caraibi»; e che ha fatto della infelice repubblica un paese maledetto.

Dagli Stati Uniti i charter di *gay* sbarcavano centinaia di dubbi biondi alla ricerca di avventure facili e a buon mercato: in alcuni celebri alberghi, le associazioni di «diversi» organizzavano delle splendide *conventions*, e c'erano *dancing* specializzati per le notti sotto la luna, per gli incontri tra i turisti americani e canadesi e i famelici e disponibili giovinetti haitiani. Era possibile anche programmare qualche divagazione con bambini.

Jean-Yves Nau, che ha condotto laggiù una inchiesta per «Le Monde», spiega che «il coito anche con più partner non rappresenta una eccezione ma una regola». Anche se, obiettano, questa disinvoltura non risponde a una psicologia collettiva, ma è determinata dalla necessità.

Dopo, il virile da esportazione, per purificarsi dell'errore, del cedimento, correva subito tra le braccia di una donna, e che fosse o no virtuosa, era di scarsa importanza.

I primi guai risalgono al 1978: e i camionisti ci vanno di mezzo. Fanno tappa al Carrefour, e le giovani intrattenitrici dispensano, oltre alle tradizionali malattie veneree, questa nuova affezione, che provoca la consueta diarrea, il dimagramento rapido, e una morte svelta, senza diagnosi e senza cure.

Quattro anni dopo, gli organismi ufficiali americani, stabiliscono che la nazionalità di Haiti è un fattore di rischio, e i *boat people,* quelli che sono finiti con le loro imbarcazioni incagliati sulle coste della Florida, assumono il duro ruolo dell'untore, con le ovvie conseguenze: licenziamenti, rifiuto dei prodotti made in Haiti, chiusure delle banche del sangue.

Perché i raccoglitori *yankee* pagavano quattro soldi i «volontari» che si prestavano al prelievo, e anche quel mercato è chiuso, finito.

È crollato pure il turismo, e gli alberghi sono deserti, anche se c'è chi sostiene che si registrano più ricoveri a San Francisco che a Port au Prince: ma non è possibile affermare, come al tempo del dittatore Claude Duvalier, che il problema non esiste.

L'AIDS, per questo popolo che crede nelle pratiche magiche, è come una condanna di una potenza perfida, e i sofferenti preferiscono spesso al dottore il sacerdote vudù.

Non è forse l'errore più grave, considerati i risultati di tutte e due le categorie; mentre invece incontra serie difficoltà la propaganda delle norme di prevenzione.

Il maschio di Haiti è un despota, che oltretutto ha una idea della sessualità che non contempla l'uso del preservativo: ed è a lui, che rappresenta tutto il potere, che spetta decidere se infilare o meno un profilattico. La compagna deve tacere.

Se ha deciso di fare commercio di se stessa e desidera cambiare piazza, può sempre emigrare a Porto Rico o alle Bahamas: dove c'è probabilmente una clientela ancora più disponibile.

Una dissertazione romanzesca è quella proposta dal professor Leibowitch dell'Ospedale Poincaré di Garches: dunque, soldati cubani di idee rivoluzionarie e di tendenze omosessuali, mandati a combattere in Angola accanto ai guerriglieri nazionalisti, si prendono il microbo, e lo portano in patria.

Quando Fidel espelle migliaia di contestatori, e anche dei delinquenti, aggiunge alla lista un po' di pederasti, e tutti con destinazione USA.

E così all'Africa si ritorna: e lo Zaire, secondo molti studiosi di epidemie, è il punto dal quale inizia il suo viaggio oscuro il germe che, attraverso le gioie del sesso, conduce alla morte.

Zaire vuol dire fiume, significa una repubblica, e anche una moneta. È una regione grande otto volte l'Italia. La capitale, che i belgi chiamavano Leopoldville, ed era proprietà del sovrano, adesso si chiama Kinshasa. Kin, dicono per far presto, anzi: Kin-la-Joie, per dire quanta allegria. «Una città di erezione» ha detto con malizia un poeta, alludendo alla vivacità dei costumi amorosi.

Chi comanda da queste parti è il maresciallo Mobutu Sese Seko, detto anche «il presidente fondatore», perché con un colpo di stato, una ventina di anni fa, prese il potere, e non lo ha più mollato.

Il suo nome, quando c'era il colonialismo, era un banale Joseph Désiré, ma lui ha voluto tornare agli usi degli antenati.

Ha abolito anche i titoli: niente *monsieur* o *madame*, ma *citoyen* e, ovviamente, *citoyenne*.

Aveva tentato anche di bandire giacca e cravatta, sostituendoli con un modellino Mao Tsetung adeguato al clima locale, ma con scarso successo.

Il «citoyen président» è un furbacchione, che viaggia su un Boeing 727 personale, risiede nella reggia di Mbadolete, con bagni dai rubinetti placcati oro, marmi di Carrara, protetto da cinquemila guardie dai berretti rossi, addestrate dagli israeliani.

Il suo ritratto compare ovunque, ha in testa il solito berretto di pelle di leopardo, perché il guizzante felino simboleggia il potere; Mobutu incoraggia il culto della personalità, ma garantisce ai sudditi una razione di manioca, che è il cibo nazionale. È un autocrate paternalista.

Con lui convivono quindici figli, e l'ultima moglie, la rotonda e sorridente cittadina Bobi Ladawa, che ha presentato anche a Sua Santità Papa Wojtyla.

L'ex sergente è noto anche per la libertà del comportamento. Aveva messo incinte due gemelle, e in occasione della visita del pontefice, per ragioni squisitamente diplomatiche, ha deciso di sposarne una. Una precedente consorte pare sia morta di botte.

Dicono che le donne del vecchio Congo sono le più belle del mondo. Una di loro arrivò terza al concorso per Miss Universo. Incedono come regine, indossano abiti sgargianti, a fiori accesi, e nella danza mostrano lunghe schiene nude, lucide di un velo di sudore, e hanno anche lunghe braccia e lunghe gambe, e quando batte il tam-tam, tintinnano gli anelli d'avorio o d'argento che adornano i polsi.

Canta il poeta Léopold Senghor: «Donna nuda, donna nera, / È vita, il colore che ti veste, / bellezza la tua forma».

I congolesi amano spassarsela. All'imbrunire si accendono le luci dei quattromila bar del chiassoso, sterminato e sordido quartiere di Matonge, che si distende lungo le rive del placido fiume. Suonano ottocento orchestre; eseguono il *tibulè*, motivi di rumba e di rock, una esplosione di trombe e di tamburi. «Kin» si trasforma di notte, e diventa la capitale più festosa del continente. Si canta e si balla anche un motivo il cui ritornello fa: «Si-da-Si-da-hè».

L'aria polverosa sa di birra, chi vuol la Castel, chi la Skol, le due marche che sono reclamizzate anche dai cantanti, di grappa di banana, e di polli arrostiti sulla brace, in mezzo alla strada.

L'idea del SIDA non li sgomenta: «È una porcheria portata dai bianchi» dicono. O anche: «Se l'ho presa è troppo tardi; bisogna pure morire di qualcosa».

Non esistono pregiudizi razziali né freni morali: la maggior parte degli uomini sposati mantiene una seconda, e una terza ragazza, dipende dagli introiti, e fa parte degli usi e del linguaggio: si parla allusivamente di un secondo, o di un terzo *bureau*; largheggiano in uffici.

Il dottor Nathan Clumeck, che dirige a Bruxelles il reparto malattie infettive dell'ospedale universitario Saint-Pierre, ha condotto una straordinaria inchiesta per stabilire come si propagano alla svelta i contatti e le infezioni.

Protagonista della sua indagine, un commerciante africano, che andava avanti e indietro soprattutto tra Belgio e Zaire. È a Kinshasa dove, tra il 1979 e il 1980, lo sfortunato uomo d'affari, con svaghi che riteneva piacevoli, e quasi ovvi, decise del suo destino.

Il dottor Clumeck ha compilato una lista delle conquiste del compianto: venti nomi, venti donne, classe media, studentesse universitarie, impiegate, per lo più nubili, qualche separata, qualche sposata.

Ne ha rintracciate diciannove, e le ha convinte a parlare, a confessare le loro evasioni erotiche, con le possibili conseguenze, dovute al cerchio sempre più largo dei partecipanti alla catena sessuale. Hanno riferito mettendo anche a repentaglio una tranquilla vita familiare.

Dieci, sette bianche e tre nere, han contratto l'infezione; sono sieropositive, e una ha già l'AIDS. E le è bastato cedere una sola volta.

Le dieci signore, assai attive, hanno avuto altrettanti incontri, con diversi amatori di passaggio: solo uno risulta toccato. Nessuna tra loro era bisessuale, nessuna usava droghe, e il rapporto con l'uomo era quello consueto, senza invenzioni.

Lui, l'origine della inesorabile sequela di disgrazie, se ne è andato in tre mesi, a quarant'anni.

Si conosce un'altra storia disperata, e sempre sulla rotta dei traffici Kinshasa-Bruxelles: ancora un *monsieur* assai facoltoso che prima a «Kin» seppellisce l'amica, meningite, e tre anni dopo la moglie, stesso inconveniente; segue un'altra amante, in Belgio, e sempre la stessa infiammazione, che si porta via anche la cuoca.

«Per noi africani» cerca di spiegare un intellettuale «il sesso è una necessità vitale e sociale. L'aspetto economico, che l'Occidente ha sviluppato fino al parossismo, ci è estraneo. E così il chiacchiericcio attorno a queste faccende. Per noi l'amore è una confidenza sussurrata in due.»

La poligamia non fa scandalo: è uno stato normale, le ragazze si danno anche a quattordici anni, ma senza complessi di colpa, senza essere corrotte: il regalo servirà ad acquistare il riso, la carne di scimmia affumicata, i pesci sgocciolanti che si vendono al grande mercato.

Anche la prostituzione, dunque, ha diverse implicazioni. Chiamano «londinesi» le donne che vanno coi bianchi e vestono all'europea. «Mogando» quelle di poche pretese, che si accontentano di una corsa in taxi. «Dumba» le puttane d'alto bordo.

Una volta incontrava molto il tipo magro e slanciato, specialmente tra gli stranieri; ma da quando il SIDA è stato soprannominato, per gli effetti devastanti, «il sottile», vanno di più le grassone.

Fezima ha diciotto anni, ed è nel mestiere da poco. Il volto non è bello ma il corpo, così essenziale con quel didietro «intelligente», come diceva Joséphine Baker, che rese la bellezza negra di moda, e i piccoli seni svettanti, ha linee e proporzioni perfette. Nel suo sguardo, come nelle sue parole, non c'è malizia. Il suo punto d'incontro è una discoteca.

«È vergognoso avere avventure con gli uomini?»

«Qui nello Zaire no: perché? Io non mi prostituisco da tanto, non lo so...»

«Siete tante?»

«Sì, siamo molte.»

«Che ne fai dei soldi?»

«Compero da mangiare, dei vestiti, e ne do anche a mia madre.»

«Pensi tu alla famiglia?»

«Sì.»

«Hai paura del SIDA?»

«Certamente, ma non ho mai incontrato qualcuno che lo avesse.»

«Ne sei sicura?»

«Sì, perché ho anche fatto degli esami. E poi, se uno vuole venire da me, deve usare il preservativo.»

«Hai figli?»

«No, non ho bambini.»

«Farai questo lavoro a lungo?»

«Non lo farò per molto. Ho cominciato da sette mesi. Se trovo un ragazzo che vuole stare con me, potrei sposarmi.»

«Preferiresti un bianco o un nero?»

«Non lo so. Dipende da chi mi capiterà di incontrare. Non vedo la differenza.»

«Ma tu chi preferiresti?»

«Forse un nero; ma anche un bianco...»

«Hai fratelli?»

«Cinque, quattro maschi e una sorella. È sposata e ha un figlio.»

«Tua madre sa quello che fai?»

«Certamente, ma non abita qui. Sta a Charleroi.»

«E tu con chi vivi?»

«Con mia sorella, che non c'entra con le mie faccende. Ho frequentato la terza media; i miei non potevano permettersi di mantenermi agli studi. Se guadagno, ricomincio.»

Si infila nel corridoio semibuio di un alberghetto che ospita le coppie: «Bonne soir, c'est l'amour qui passe», dicono i portieri, e allungano un asciugamano.

Secondo le statistiche, il 67 per cento di queste fanciulle che ballano il rock, ma che mettono nelle treccine fiori di bougainvillea o petali di frangipane, sono positive, ma bisogna arrangiarsi, guardare avanti, perché, come dice Senghor, «nell'Africa nera non esistono confini nemmeno tra la vita e la morte».

Poi ci sono le *femmes libres,* non proprio professioniste, ma che per tradizione, o per bisogno, gradiscono un regalino.

«Scopi con bianchi o con neri?»

«Gli uni e gli altri; sono una donna libera.»

La «libera» va in ufficio, o a scuola, in chiesa, e prega. Qualche volta, i fari dell'auto illuminano, nei viali oscuri dei sicomori, una figuretta vestita di bianco, che ridendo mostra un cartello invitante: «Non ho il SIDA».

Il «British Medical Journal» ha riportato i risultati di uno studio recente in diversi Paesi del continente: l'infezione riguarda l'80-90 per cento delle sgualdrine, e il 30 per cento dei loro clienti maschi. E una caratteristica è che la trasmissione è soprattutto eterosessuale.

Dando credito alle testimonianze del giornalista Léon Mercadet, gli africani prediligono la posizione classica, non hanno preferenza per la sodomia, come confermano le «signorine» interpellate: «Par le cul, c'est le sex des blancs».

Hanno alle spalle credenze che non si intonano con le nostre regole: se il marito muore, la vedova aspetta di andare a letto con un parente del defunto, preferibilmente col fratello. Questo la mette in pace col fantasma, le consente di considerarsi purificata, e se vuole, di passare ad altre nozze. Ma se io sono negativa, e mio cognato no, si domandano oggi le orbate, devo morire per rispetto del rituale?

Secondo l'uso *chisungu*, le adolescenti si astengono dal giacere coi garzoni fino al momento delle nozze: con l'urbanizzazione, la pratica era caduta in disuso, essendo forse più facile praticare la virtù in campagna, ma dopo alcuni preoccupanti decessi, almeno nell'area rurale, hanno chiesto il ritorno all'antico.

Come ha detto il professor Luc Montagnier, lo scopritore del virus dell'AIDS, a un simposio a Città del Messico: «La decadenza dei costumi e delle abitudini sessuali è certamente alla base della diffusione della malattia».

Che colpisce cinque milioni tra uomini e donne, senza differenze, ed è un quadro apocalittico che supera di gran lunga le carestie del Sahel e le invasioni di locuste, e che non fa distinzioni di classe, e neppure di età; non solo, ma lo sfinimento non si cura peggio nelle capanne di fango o di paglia della savana, o delle bidonvilles, che al Bethesda, o al Pasteur.

L'ipotesi condivisa da molti è che nell'Africa centrale, un virus che esisteva da millenni ha subìto mutazioni, ed è diventato mortale per i linfociti T umani. Poi si è diffuso con l'apertura delle frontiere e il movimento delle popolazioni.

La tragedia è accaduta in un mondo quasi immutabile, che ritrovi ancora nelle pagine di Joseph Conrad o di André Gide; si legge nel

Cuore di tenebra: «Forme nere stavano accovacciate, distese, sedute tra gli alberi, abbarbicate per terra. Stavano morendo lentamente».

Il *Roi des Belges* risaliva sbuffando il grande Congo, e il paesaggio, gli odori, il senso di disfacimento, o di abbandono, sono ancora gli stessi che Conrad conobbe: si può ritrovare il profumo dell'eucalipto o dell'ibisco, e il sentore di putrido e di umido della boscaglia, il volo del colibrì, il sole inesorabile e il temporale sconvolgente.

E anche il senso del progresso che si ferma sulle rive, o nell'intrico della *brousse*: «Mi imbattei in una caldaia rotolata sull'erba... e in altri pezzi di macchinario in rovina, in una catasta di rotaie arrugginite».

Dai battelli sbarca ancora una folla di uomini, donne, bambini, capre, polli, maiali, perché le ricchezze, rame, diamanti, oro, petrolio, argento, carbone, e i legni preziosi, sono lontani. C'è ancora chi caccia con la rete o la balestra le gazzelle, i porcospini e le scimmie.

E le osservazioni del viaggiatore Gide, in missione ufficiale, sono sempre rivelatrici: il bianco velario vaporoso delle cascate, e la meraviglia dell'albero del viandante, che dal picciolo delle foglie, incise dal temperino, lascia sgorgare per l'assetato un bicchiere d'acqua pura; la bellezza dei ragazzi a torso nudo, ridenti, dagli sguardi languidi, e uno gli si addormenta sulla spalla, tenendogli una mano; le farfalle, gli uccelli, le felci di un verde pallido; le donne vestite di una specie di tutù di fibre di palma; «I volti sono brutti», annota, «ma i seni stupendi.»

La magia segreta di questa terra: qui, anche le pratiche religiose hanno come tema fondamentale la fecondità, e l'unione del clan.

Per il bantu, che ha un carattere estroverso, tutto è vita, e tutto è intriso di una forza esuberante, che esalta con la danza e con la musica. Anche la natura è divinizzata: savana, foresta, piante, animali, suoni, colori. Il giallo e il rosso significano il vigore, la felicità, il benessere; il nero è simbolo delle nuvole dell'uragano; il bianco indica il trascorrere dei giorni, verso la fine.

I poeti celebrano l'infanzia, gli antenati, l'angoscia, la speranza; l'arte, le statuette incise nel legno o nell'avorio, esaltano il corpo umano, femmina o maschio, con grande cura del particolare, anche anatomico, i bei movimenti delle spalle e delle anche, e spesso sul bastone del capo, o nella sedia dalla quale concede udienze, sono ritagliate cariatidi che rappresentano l'Eva nera, anche mentre giace col suo compagno in un tenero abbraccio: «Donna nuda, donna scura / Frutto maturo dalla polpa soda, estasi cupe / di vino nero, bocca che fa lirica la mia bocca / Savana dagli orizzonti puri, savana che freme / alle fervide carezze del vento dell'Est / Tam tam scolpito, tam tam teso che tuona sotto / le dita del vincitore / La tua voce grave di contralto è il canto / spirituale dell'Amata». La sensualità secondo Senghor.

L'Eros, e la voluttà, sono esaltati dai costumi tribali: si chiama *Elina* la danza che segna per le fanciulle l'inizio della pubertà.

Un vecchio percuote il tamburo, uomini, e donne e bambini cantano una nenia, e ondeggiano come canne di bambù scosse dal vento. Gli uomini mimano la gazzella e lo scimpanzé, le ragazze il gambero di fiume.

Un giovane imita l'elefante, che avanza pesantemente; le mani in avanti, sono la proboscide. Ma i cacciatori fingono di colpirlo, e il bestione stramazza, tra acute grida di gioia: si traggono gli auspici della prossima stagione, i raccolti saranno abbondanti, e non mancherà il cibo.

L'elefante, secondo la leggenda, possiede uno spirito soprannaturale, e gli vengono dedicate pratiche propiziatorie. I coraggiosi pigmei, lo inseguono nella foresta, si cospargono il corpo con lo sterco del pachiderma, per non tradirsi col loro odore, scivolano sotto il bestione, e lo colpiscono con le lance, fin che non si dissangua, esausto.

E anche attorno al SIDA, a Kin-la Belle, quasi quattro milioni di abitanti, si scatenano le sette medico-religiose, i guaritori e le streghe, i feticisti, i maghi, che estirpano il male per incantesimo. È, come sempre, questione di fede, e sulle rive del Congo, ora Zaire, c'è tanta disponibilità.

Ho scorso qualche numero di «Salongo», il più importante quotidiano del mattino, diretto dal generale Bondo Nsama: brutta carta, stampa artigianale, fa venire in mente i giornaletti che si vedono nei film western, col direttore dalla visierina di celluloide sulla fronte, che provvede a tutto. Qualche titolo: *Un giovanotto trasformato in mostro a Burumbo*; *La pena capitale per una strega.*

Poi, nella spicciola, pettegola e qualche volta maliziosa cronaca, quasi sempre tendente al piccante, trovi tante piccole storie che documentano l'esuberante fervore amatorio di questo popolo quasi disperatamente attaccato alla esistenza, sempre minacciata dalla mosca che porta l'encefalite letargica, o la malaria, e anche l'innocente morbillo provoca stragi. Cosa sarà mai un po' di SIDA? Una trovata per scoraggiare gli amanti, dicono.

E ancora i ricchi che sono troppo ricchi, e stanno nel quartiere Gombè, dove circolano le Mercedes, o hanno golf a diciotto buche, come a Lubumbashi, l'antica Elizabethville, e club ippici per far correre cavalli sudafricani, e mandano le mogli a partorire a Bruxelles, e i figli a scuola in Europa, e depositano i capitali in Svizzera, e li investono in Belgio.

Nessun paese importa tanto champagne come lo Zaire. Fuori dalle case dei signori, bianchi o neri che siano, vigilano le guardie, talvolta con arco e frecce, che la notte accendono i fuochi, e dividono le tazze di tè con le infreddolite passeggiatrici.

Nell'immenso mercato di Kasavutu, ritrovi la plebe: si vende di tutto, dai coccodrilli vivi, immobilizzati dalle corde di rafia, a strani vermi che brulicano, e si mescolano tutti gli odori, di umanità, di immondizie che si macerano, di erba, di salmastro.

Ai signori è permesso tutto, e i poveri si arrangiano: c'è una parola che apre tutte le porte, da quella del cittadino-presidente in giù: *matabish*, mancia, tangente. È bene accetta, anzi: sollecitata, dal funzionario, dal poliziotto, dal doganiere. Il soldo sistema tutto, e tutto è lecito per ottenerlo. L'esercito vende pezzi di carro armato o di elicottero che, fusi, vengono trasformati in pacifiche casseruole. Si usa.

Così il maresciallo può consentirsi di chiedere alla moglie del ministro, che gli garba, di andare a letto con lui. Ma ha trovato una rispettabile signora che gli ha risposto di no; ora vive col consorte, funzionario della Banca Mondiale, a Washington.

Il capo ha sempre i suoi privilegi: a quello del villaggio, offrivano, per ottenere favori, ragazzine di quattordici anni.

Dal «Salongo», dunque, si potrebbe ricavare, con un po' di applicazione, un breve Decamerone in versione esotica. Succinto campionario.

La cognata. Il cittadino Ki, residente a Linguala, è stato sorpreso mentre scopava la sorella della moglie, anni diciotto.

È andata più o meno così: un sabato sera, dopo aver bevuto con gli amici, rientrava verso l'alba, piuttosto alticcio, alla sua abitazione. La moglie dormiva, la cognata, ospite gradita, invece no. Il cittadino Ki, quando se l'è vista davanti, coperta quasi di niente, e con un sorriso che indicava una certa disponibilità, è passato ai fatti.

Ma la coppia, travolta dal piacere, non ha saputo controllare i sollazzi e i sospiri. La sposa legittima si è svegliata, ha visto, e al marito ha fatto fare la valigia.

Il seminarista. È stato flagellato, alla fermata di un autobus, per avere avuto una breve conversazione con una cugina. Il violento, un giovanotto geloso, era convinto che il futuro prete fosse l'amante della sua donna. Sono finiti tutti alla gendarmeria: forse un equivoco?

L'impotente. Il cittadino Kil è diventato sterile. Residente nel villaggio di Manenga ha ingravidato una adolescente. Pazienza. I genitori della concupita sono andati in visita per chiedere l'ovvia riparazione: le nozze. Il cittadino Kil ha detto che neppure per sogno, che non si riteneva il padre, anche perché l'aveva fottuta una sola volta.

Senza scomporsi papà e mamà della disonorata hanno fatto marcia indietro, non prima, però, di avere lanciato la loro maledizione.

Come è come non è, qualche giorno dopo il cittadino Kil si accorge di avere perduto ogni slancio virile: scappa, anzi, davanti alle donne. Ci sono trattative in corso, per togliere il malocchio e per regolarizzare l'unione.

L'ingravidatore. Il cittadino Nsulli, abitante in via Kopata a Kalamu, ha ventiquattro anni, ed è afflitto da una grave forma di anemia, per cui ritiene di avere ancora poco tempo da campare, e intende godere anche della fuggevole ora: ne ha già messe incinte cinque in un colpo.

Questi zairesi, sono di temperamento piuttosto dispettoso: un alto burocrate, sieropositivo cosciente, ha lasciato l'elenco di tutte le sposate che aveva deliberatamente contagiate.

Il bianco. Il cittadino L., quartiere Mombele, nero, sposa una giovane compaesana, e dopo nove mesi nasce un bambino. Bianco. La ripudia. Lei non ha il coraggio di mostrarsi in pubblico con quella creatura dalla pelle troppo chiara. Confessa di avere ceduto a un marinaio di Matadi, che le aveva dato una mano, e qualcosa di più, quando era andata ad acquistare merci.

Altri infedeli. La cittadina Mb, domiciliata a Ngiri-Ngiri, benché incinta, approfittava dell'assenza del marito, operaio in una miniera di diamanti, per intrigare con un vecchio amico. La cosa si è risaputa.

Confessione della colpa davanti alle due famiglie. I genitori della adultera, a titolo riparazione danni, pagheranno diecimila Zaire, e in più cinque capre nere, dieci polli bianchi e una damigiana di vino di palma.

E pertanto mi sembra giusto che la Chiesa cattolica abbia proclamato beata suor Anuarite, vergine e martire: nata poi in un posto dove, per consuetudine, e per tradizione, non si dice quasi mai di no.

Nel 1964 nel Congo infuriava la guerriglia, e suor Anuarite, con altre consorelle, cadde prigioniera dei selvaggi simba, che avevano idee confusamente comuniste, e propositi estremamente concreti.

Come tutti gli sbandati, vivevano di sopraffazioni e di angherie. Arrivano al convento, vedono quelle giovani donne vestite di cotone candido, serene e composte, e preparano festosamente riso e sardine per tutti.

Non molto portati al misticismo, osservano che tra le votate al Signore ce ne sono di molto carine. Suor Anuarite, anche il nome è una indicazione: significa «colei che si burla della guerra», appare nelle rare foto assai graziosa: volto ridente, e dai lineamenti regolari, il corpo slanciato, dice un testimone, «di una perfetta armonia...».

Piace al comandante del reparto, il colonnello Ngolo, che la vorrebbe per moglie. Una più o meno non fa problema. Ma suor Anuarite scuote il capo: «Io rifiuto, sono consacrata a Dio».

Ma non sa che tra quella masnada c'è anche un bruto, o più che altro, un disgraziato, che proprio non capisce quella disperata difesa della virtù: il tenente colonnello Pierre Olombe Openge, un mezzo morto di fame, che però rappresenta il potere.

Ha già scelto, per sé, un'altra monaca, e insiste con tutte le maniere; anche col calcio del fucile. Ma la beata Anuarite non cede: «Non voglio commettere questo peccato. Se volete uccidetemi».

Pierre Olombe Openge è nato figlio della colpa: il padre ha avuto venti mogli, e lui fa parte di una carovana di quarantotto figli; non capisce proprio quell'insistere nella castità. Ordina a due dei suoi deficienti-assassini di provvedere.

Suor Anuarite, che aveva paura di tutto, dei serpenti e dei topi, dei brutti sogni e della solitudine, nonostante gli urli, le percosse e il dolore, rimane impavida. Le sue sorelle, attorno, intonano il *Magnificat*.

Olombe, adesso, è un poveraccio che vive di carità. Racconta: «Il suo abito bianco era inzuppato di sangue, il volto deturpato da una profonda ferita, il petto squarciato dalle pugnalate».

Un sacrificio che nello sconfinato Zaire non molti possono apprezzare.

Love carefully, ama con attenzione, avvertono i cartelloni all'aeroporto di Entebbe, perché il viaggiatore che si reca in Uganda sappia che se fa la corte alle *bar maids*, alle ragazze dei bar, corre i suoi rischi. I manifesti insistono: «Il tuo prossimo partner potrebbe essere quella persona speciale».

Per evitare che questo individuo così particolare si presenti nei paraggi di casa nostra, ecco che gli inglesi vietano l'ingresso in Gran Bretagna a un assistente di volo americano, perché affetto da AIDS.

E in Egitto, una squadra di pallacanestro proveniente dal Camerun, viene obbligatoriamente sottoposta ai test di controllo.

In Cina non si trova una compagnia aerea disposta a imbarcare, per rimpatriarlo, un cittadino USA che all'ospedale di Kunming hanno trovato positivo.

In Belgio, in prima fila, poi in Bulgaria, Romania, Cuba, gli studenti africani vengono di regola sottoposti a esami.

È accaduto in Carinzia, nella gentile Austria; in un night si esibivano alcune ragazze provenienti dallo Zambia: «Appena sono arrivate» ha raccontato un signore di Vienna alla televisione «i baldi montanari si sono buttati a pesce». Poi una delle ballerine è risultata sieropositiva, e la gente si è spaventata, sono mezzo morti dalla paura. La «troupe» è stata rimpatriata, e sostituita con un'altra, sempre di colore, ma le «artiste» sono state sottoposte a *screening*.

Leggi e provvedimenti dall'esito assai incerto, e che hanno precedenti lontanissimi; il 6 marzo 1496, quando la sifilide imperversava, i banditori gridavano per le vie di Parigi una intimazione del sovrano: «Il re ordina a tutti coloro che da poco risiedono in questa città di raccogliere le proprie cose e di andarsene, di ritornare da dove sono venuti sotto pena di morte per impiccagione».

Anche allora, come è noto, i risultati furono scarsi.

Nella classifica delle epidemie, il primo posto in Africa tocca allo Zaire; segue lo Zambia, la Tanzania, l'Uganda. Nel Sud America è in testa il Brasile; il centro più insidioso, negli *States*, è San Francisco.

Gli africani chiamano il nuovo virus *slim disease*, la malattia della magrezza. Il basso livello d'igiene favorisce la diffusione: negli ospedali, non si è mai sicuri che i ferri siano debitamente sterilizzati. C'è chi si presenta con una tanica d'acqua e la paraffina per farla bollire.

Non ci sono drogati, ma vanno di moda i tatuaggi, e la circoncisione, il taglio del clitoride, e chi sa quali aghi o strumenti sono adoperati. I dottori hanno spesso a che fare con ulcerazioni di mucosa genitale. Già Marco Polo parla nel resoconto del suo viaggio delle «più sozze femmine del mondo».

Hanno pensato, in qualche momento, di dare la colpa alle zanzare: ma perché dovrebbero scegliere di preferenza i giovani che hanno molti rapporti sessuali?

C'è chi fa un altro calcolo, che nello Zaire è assai attendibile, e che è una specie di curioso problema. Se un uomo ha cinque *maîtresses,* e ogni amante ha tre compagnoni i quali, a loro volta, han quattro amiche, quanti contatti si possono moltiplicare?

E perché poi la gente dovrebbe tanto impressionarsi, quando la malaria e la tubercolosi ammazzano molto di più, e senza offrire neppure un po' di gaudio?

Difficile poi convincere i maschietti all'uso del preservativo, questo oggetto innaturale, che rovina la festa sul più bello, e che arriva dal mondo complicato e assurdo dei bianchi.

Quando sono nella sventura, visto che il medico può fare poco, si rivolgono agli stregoni animisti: con pelli di scimmia, denti di cane e code di serpente, con beveroni di strane erbe e, magari, qualche presa di marijuana, anche se possono fare poco per il corpo, tengono su il morale.

A Kinshasa c'è un grande e tetro ospedale, intitolato a «Mama Yemo», la cui principale benemerenza è avere dato i natali al maresciallo Mobutu. Ogni giorno, tra i cittadini che si presentano agli ambulatori, quindici sono stati colpiti dalla sindrome. La situazione a Kinshasa è catastrofica: si stima che otto persone su cento siano infettate dall'HIV.

Ma forse nelle terre dove è nato l'AIDS può venire alla luce l'arma per combatterlo.

Uno scienziato, e una decina di volontari ad alto rischio, si sono prestati all'azzardato ruolo di cavie umane. Hanno provato su se stessi un «modello sperimentale» di vaccino.

Affrontare il pericolo, nella ricerca, è quasi legge: Pasteur inspira con una cannuccia di vetro la saliva di un cane idrofobo; Jenner, all'insaputa della moglie, inocula il liquido di una pustola sul suo primogenito per svelare la natura del vaiolo.

E come si è messo alla prova il siero antipolio, che garantisce una vita felice a milioni di bambini? «Ho cominciato a prenderlo io» mi ha raccontato Albert Sabin, lo scopritore «e alcuni dei miei aiutanti. Il dottor Ramos Alvarez del Messico, che lavorava allora con me, poi un tecnico nero, Hugh Haydy.

«Quando diventò evidente che bisognava fare prove più impegnative, più larghe, che non si potevano usare le bertucce, ci mettemmo a cercare delle persone, che dovevano vivere isolate, e offrirsi spontaneamente. Non sapevamo di preciso quali effetti il nostro preparato avrebbe provocato.

«Le abbiamo trovate in un penitenziario a Chilocothe, nell'Ohio; avevano tra i ventuno e i venticinque anni, centinaia di carcerati, e sono stati magnifici, e io ho un senso di gratitudine e di affetto per quei ragazzi, per quello che hanno fatto.

«Poi fu la volta di Anny e Deborah, le mie figlie: nel 1957 erano ancora piccole, così nella mia casa furono fatti i primi esperimenti.»

Il professor Daniel Zagury ha sessant'anni, è nato a Casablanca, ha un viso marcato, la pelle scura, i modi riservati: gli occhi rivelano molta dolcezza. È sposato e ha un figlio; svago preferito il tennis.

Il suo laboratorio è a Parigi, all'Università Pierre e Marie Curie, ma è nello Zaire che le sue idee subiscono il collaudo della realtà. Tutti riconoscono la sua profonda onestà e la grande preparazione.

Laggiù, a dargli una mano, c'è il bravissimo dottor Lurhuma, un negro pacioso, che è l'orgoglio della sua gente: «Sì, l'Africa ha molto da donare e da insegnare all'umanità», scrive il quotidiano «Salongo».

«Non facciamo di questa esperienza una avventura romantica» dice il dottor Zagury «e soprattutto non incoraggiamo speranze premature.»

Lo terrorizza il clamore della pubblicità, e le possibili deformazioni della stampa. Quando ha iniettato le prime gocce di liquido, scalfendo la pelle di due malati, coscienti dell'insicurezza delle prove, ma che avevano scelto liberamente, il «New York Times» parlò di tentativi «scandalosi»; ma non aveva sacrificato nessuno e prima di pungere una decina di congolesi, aveva iniettato su se stesso cellule infette.

«Era evidente» spiega «che il primo volontario dovevo essere io. E senza particolari considerazioni intellettuali e morali. Ogni ricercatore responsabile, credo, agirebbe nella stessa maniera. È un po' come essere comandante di reggimento: quando il reparto va all'attacco deve marciare in testa alle truppe.

«Bisognava muoversi, uscire da una specie di apatia, di torpore insopportabile per tutti, medici e malati, in particolare, che hanno bisogno di speranza, per dare, anche nella sofferenza, dignità alla vita.

«È evidente che abbiamo proceduto a piccoli passi. Degli studi preliminari sulle scimmie hanno dimostrato l'innocuità assoluta delle nostre procedure, e la conferma l'abbiamo avuta con due ricoverati affetti da SIDA. Non hanno sofferto di effetti secondari e hanno fabbricato anticorpi che neutralizzano l'HIV. Stanno benissimo.

«Quello che ho fatto nello Zaire non è parascienza. Col dottor Lurhuma cerchiamo di attivare un'armata di globuli bianchi uccisori, capaci di liberare i malati dalle cellule infette. Ma l'esercizio è complicato.

«Il virus del SIDA è molto astuto. La diversità è la sua difesa. Diciamo che è di tipo A,B,C,D. Ogni esemplare possiede un suo involucro. Se ci si immunizza contro l'A, il B, il C e il D continuano per la loro strada.

«Ho lavorato tre anni con Robert Gallo, a Bethesda: abbiamo capito che l'importante è uccidere prima di tutto la cellula infetta, e non il virus: è lei che propaga la malattia.

«Non mi considero un eroe o un incosciente. Abbiamo usato la stessa tecnica che fu adottata a suo tempo nella lotta contro il vaiolo. Il vaccino sperimentale contiene un frammento del virus dell'AIDS e la proteina GP160, preparata in laboratorio da Bernard Moss, al National Institute of Health, a Bethesda. Stimola la risposta naturale dell'organismo, che in questo modo viene immunizzato contro il male. Non c'è alcun pericolo di contaminazione.

«Io ho subìto un richiamo sotto forma di iniezione delle mie cellule, preventivamente prelevate e trattate in laboratorio con questo agente infettivo ibrido. Era una coltura realizzata col mio sangue.

«Non bisogna cantare vittoria, ma ho la speranza ragionevole che in tre o quattro anni si possano proteggere migliaia di individui.»

Il dottor Zagury non dimostra di aver patito questa esperienza: continua gli studi, e si sottopone a continui controlli; le vene, a forza di prelievi, si sono indurite: «Dal punto di vista psichico» dice «sto benissimo. Dal punto di vista fisico, anche. Oggi ho battuto mio figlio a tennis».

Gli hanno chiesto: «Prima di decidere di fare da cavia, ne ha parlato in famiglia?».

«No, queste cose sono assolutamente personali, per cui ogni scienziato è solo con se stesso. Mia moglie lo ha saputo dopo.»

«Perché altri suoi colleghi non hanno pensato di autovaccinarsi?»

«Gli altri ricercatori sono soprattutto dei virologi e, posso dirlo, non sanno niente di immunologia, così come io non so niente della loro materia.»

«E in quel momento, come si è sentito?»

«Certo, c'è un lieve senso di apprensione, ma qualunque atto medico comporta sempre un margine di incertezza.»

«Per lei, l'AIDS che cos'è?»

«Una malattia come le altre, ma più potente. Potrei fare un confronto tra le armi convenzionali e la bomba atomica. Ma siamo stati fortunati, perché il primo gruppo colpito, quello degli omosessuali, ha provocato polemiche, clamori, ossessioni.

«Quindi ci ha permesso di scoprire l'infezione. Altrimenti ci sarebbe passata accanto, e non avremmo avvertito in tempo l'allarme. Basta vedere quello che è accaduto in Africa, dove l'AIDS probabilmente esisteva già da prima. Si è corso il rischio che i donatori di sangue sieropositivo contagiassero tutti. E adesso che ho parlato, riprenderò le mie ricerche nel silenzio e nella discrezione. Il lavoro scientifico esige riflessione, rigore e serenità.»

Ed eccoci alle affermazioni che più sgomentano; niente più morso di scimpanzé arrabbiato, o microorganismi impazziti e misteriosi che vagano tra i pianeti, e poi ricadono col turbine dei temporali, su di noi: ma un errore della scienza orgogliosa impegnata nella creazione del male.

Premessa: dei discorsi che seguono nessuna prova. Molte polemiche, ma niente documenti.

Nell'ottobre del 1985 attacca, da Mosca, la «Literaturnaja Gazeta», e lancia la prima accusa: l'AIDS è il frutto del cinico militarismo americano. Non si può escludere che il virus sia stato prodotto artificialmente.

L'agenzia «Tass» racconta che un ricercatore tedesco orientale, il professor Jakob Segal, senza precisare l'origine delle sue informazioni, ha scoperto che fin dal 1969 il Pentagono ha messo in funzione un programma di ingegneria genetica che mira ad annientare le difese dell'organismo umano.

Per gli esperimenti, sarebbero stati impiegati dei criminali condannati a lunghe pene, e che non sapevano niente del loro tragico ruolo: qualcuno, sopravvissuto, e ritornato poi in libertà, ha innocentemente provveduto a distribuire la sua razione di microbi.

Ma il primo lancio ufficiale della teoria del professor Segal, è della dottoressa Lilli Segal, presumibilmente una sua familiare, con associato il dottor Dehmlow, si ha alla conferenza dei capi di Stato e dei paesi non allineati, nell'agosto del 1986, a Harare, nello Zimbabwe.

Sono trentotto paginette intitolate, con molta semplicità: *AIDS, sua natura e sua origine.*

I tre lavorano alla Università Humboldt, a Berlino Est: ma le loro indagini hanno, più che un orientamento medico, un fine politico: «La prima apparizione dell'AIDS,» sostengono, «se si tiene conto del periodo di incubazione, coincide esattamente con l'apertura di un laboratorio biologico americano denominato P.4 a Fort Detrick».

La radio sovietica rilancia: «Il virus dell'AIDS è frutto degli studi di specialisti USA che hanno manipolato dei geni umani».

Il «Sunday Express» allunga il tiro: «Il virus assassino potrebbe essere stato creato artificialmente negli Stati Uniti da scienziati, durante esperimenti che han preso una cattiva piega».

Due specialisti, il dottor John Seale di Londra e il dottor Robert Strecker di Glendale, (California) ammettono la possibilità di una origine artificiale, ma propendono, più che per una malvagia volontà, per un incidente accaduto durante ricerche sul cancro.

Però nel gennaio del 1987, la «Pravda», che ha già nella testata la pretesa della verità, interviene col peso dei portavoce ufficiali a dar man forte: «L'AIDS non è stato scoperto tra i divi del cinema, ma tra coloro che sono considerati i rifiuti della società: i drogati, i devianti sessuali, i vagabondi caduti al più basso livello, che riempiono a migliaia le prigioni degli Stati Uniti. È là che i servizi segreti realizzano i loro esperimenti».

La CIA e il Pentagono non possono assistere indifferenti a questa campagna di insinuazioni; se ci sono fughe di microbi, è la quasi ovvia risposta, sono prima di tutto i gabinetti scientifici sovietici che debbono essere sospettati. Le indagini americane hanno soltanto lo scopo di prevenire un attacco batteriologico russo.

Il generale Piotr Grigorenko, che nel 1977 ha trovato rifugio oltre Atlantico, dichiara: «È notorio nello Stato Maggiore dell'Armata Rossa che il centro di Sverdlovsk, nel sud degli Urali, realizza delle preparazioni biologiche utilizzabili in caso di conflitto».

Qualcuno ricorda che, anni fa, ci fu nella zona una fuga di carbonchio, che riempì l'ospedale numero 40 di intossicati.

Ma c'è pure chi ha in mente un altro episodio sconcertante: nel 1975, William Colby, allora direttore della Central Intelligence Agency, fece ispezionare un magazzino che era chiuso con una serratura a combinazione cifrata.

Gli agenti, e non senza meraviglia, scoprirono dei flaconi, per fortuna ben sigillati, le cui etichette annunciavano il devastante contenuto: «veleno di cobra», «bacillo della tubercolosi», «tossina del botulismo». Erano stati illegalmente conservati. Ma le smentite, e le congetture contrastanti, arrivano da tutte e due le parti.

Viktor Ždanov, il massimo immunologo dell'URSS, propende per il babuino, o l'orang-utan, che, nell'Africa centrale, addenta un negretto.

Francis Crick, che nel 1962 ha preso il Nobel, per avere scoperto le strutture del DNA, l'acido nucleico che contiene la chiave capace di determinare se una cellula farà parte di un dito o del cuore, e di trasmettere anche le caratteristiche dei genitori, non crede che il virus sia saltato fuori dai laboratori militari, ma è piuttosto convinto che sia arrivato dallo spazio.

Per questo grande biologo il virus nascerebbe da spore incontrate dal nostro pianeta nella sua corsa nel Cosmo.

Sono andato a trovare il dottor John Seale, nel suo severo studio londinese: nessuno ha l'aspetto più britannico di lui. Alto, magro, biondo-bianco, la fronte eccessivamente spaziosa, gli occhialetti, la parlata cortese, e forse un po' troppo faconda.

È considerato un esperto nel settore AIDS, tanto che è consulente del governo di Sua Maestà, e anche della Corte Suprema della California; collabora alla rivista della Royal Society of Medicine, a «Nature» e a «New Scientist», ed è specializzato in malattie veneree in due importanti ospedali, il Middlesex e il St. Thomas.

Con tutto questo, il Dipartimento di Stato di Washington lo ha definito «squilibrato, mezzo matto e profeta di catastrofi».

Per lui la funesta sindrome, nell'arco di venti-trenta anni, potrebbe spazzare via metà del genere umano.

Il dottor Seale non esclude che, al principio della disgrazia, ci sia quella tale scimmia verde, ma gli pare strano che l'incidente non si sia verificato prima, dato che da duemila anni esistono scimpanzé e negri, come gli sembra bizzarro che il virus sia comparso contemporaneamente in Africa e negli USA.

Ritiene plausibile la teoria della provetta perché il virus è assolutamente nuovo, ed è il primo, tra gli sconosciuti, che si trasmette da una persona all'altra di cui si abbia notizia nella medicina moderna, cioè da un secolo a questa parte.

Per il dottor John Seale, la trasmissione non avviene tanto per colpa del sesso, quanto del sangue: con le trasfusioni, o usando aghi infetti di siringhe ipodermiche.

Non è più solo una insidia per gli omosessuali, «perché il contatto del dito, del pene o della lingua con la parete rettale di un altro uomo trasmette l'infezione con estrema facilità», dato che ora colpisce anche le donne e i bambini, e anche chi ha abitudini «normali».

Il dottor John Seale è convinto che, come si sono creati artificialmente, perché non esistono in natura, i vaccini della poliomielite, del morbillo, o degli orecchioni, qualcuno avrebbe potuto «inventare» anche i microbi che eliminano i così utili globuli bianchi.

E quando gli chiedo: «Ma chi avrebbe avuto interesse a creare questo strumento di morte, che potrebbe colpire anche la sua gente?» mi dice, tra lo sbigottito e l'indignato: «Come risponderle? A volte le armi possono essere difettose. Il concetto di guerra biologica non è nuovo. Forse lei non sa che il paese che arrivò più vicino a usare questi strumenti, durante la seconda guerra mondiale, è stata la Gran Bretagna.

«Gli inglesi avevano studiato molto attentamente la possibilità di sganciare delle minibombe contenenti batteri di carbonchio sulle sei città tedesche più importanti: Berlino, Stoccarda, Francoforte, Amburgo e così via.

«Fecero moltissimi esperimenti, vi è ancora un'isola, al largo delle coste scozzesi, che non è abitabile perché è anche adesso contaminata.

«Eppure allora sapevano che se questi ordigni fossero stati usati, le zone colpite sarebbero poi rimaste contaminate per più di cinquant'anni. Comunque, non se ne fece nulla: le costruirono, ma poi non le adoperarono mai. Il lavoro di ricerca fu condotto da noi, e la produzione venne invece affidata all'America. Quindi alla sua domanda rispondo brutalmente:chiunque già fabbrichi bombe all'idrogeno o produca gas nervini. Perché quello è il loro mestiere.»

Qualcuno ha paragonato l'HIV al Serpente che compare tra il fogliame nel giardino dell'Eden, e approfitta del bisogno di tenerezza di quell'uomo e di quella donna soli, inducendoli in tentazione, per poi farli precipitare nell'infelicità.

L'immagine biblica trova conferma nella scienza perché, come dice Robert Gallo, che tra i primi ha scoperto e studiato il virus, l'AIDS «tocca le radici della sensualità».

I cinesi, che per loro fortuna hanno avuto un solo caso, nella provincia meridionale di Fujian, dicono infatti che quel poveretto è morto di «AI SI BIN», della malattia dell'amore.

Quello che un tempo si chiamava «Celeste Impero», ed era la terra dei piaceri raffinati (nel *Libro delle odi* una giovane sposa canta: «È dolce il mio signore / ma la vera soavità della vita / è nella varietà delle pose»), dopo la rivoluzione di Mao è diventato il paese della castità. Un po' perché sono troppi, un po' per la severa morale socialista, ma soprattutto per obiettive ragioni tecniche: con un alloggio di quattro metri quadrati, presenti magari nonni e bambini, non c'è spazio per le effusioni.

A Shangai, le coppie regolari possono entrare nel Parco del Popolo e rotolarsi sull'erba, per fare in modo che l'organo maschile che, negli antichi manuali erotici, veniva presentato col nome di «Picca di giada», possa trovare cordiale accoglienza nella «Valle gentile».

I medici locali attribuiscono il decesso del compagno a un qualche confratello d'Oltremare in visita ai luoghi natii, anche se è vero che il microbo non trova, almeno per ora, favorevole accoglienza nell'estremo Oriente.

In Giappone vietano le saune agli stranieri per proteggere la clientela fedele, e anche per stabilire che la sindrome è un male dei bianchi.

L'omosessualità, per loro, è un'inclinazione personale che non è esibita, e che non proclama la sua diversità, perché ha alle spalle l'appoggio di una tollerante tradizione: la carne è innocente, e non capiscono i fulmini del cielo sui peccatori di Sodoma, né il senso di colpa dei cristiani. Quindi nessun ghetto per i diversi.

E poi va riconosciuto che è gente molto pulita: basta salire sulla metropolitana di Tokio, anche nelle ore di punta, per avere il piacere di stare tra una folla di camicie e di abiti bianchi, e senza essere avvolti in nuvole di effluvi.

Con una raffinata tecnologia, fabbricano ed esportano anche il più sottile dei profilattici: due centesimi di millimetro con lo slogan pubblicitario: «Meno pelle della pelle», smentendo anche la leggenda che vuole gli asiatici afflitti dalla piccolezza: misure standard, per l'interno e per l'estero, sedici centimetri. Attenti, in ogni modo, ai richiami dell'esotico: anche nella dissoluta Bangkok gli esperti consigliano: «Limitarsi strettamente ai massaggi, anche intimissimi, ma non andare oltre».

Chi è nei guai è il Brasile, il terzo posto al mondo nella classifica del rischio, e San Paolo è la città più colpita, perché è invasa dai travestiti.

Anche Rio, la *maravilhosa*, con le sue notti tropicali, e le mulatte mezze nude, e il carnevale e il Samba, ha molti problemi, se sui giornali si leggono di queste inserzioni pubblicitarie dei «club»: «Non corre pericoli. Le garantiamo una sicurezza assoluta. Tutte le nostre ragazze hanno superato l'esame anti-AIDS». O anche: «Signorine e giovanotti di elevata categoria, senza nessun azzardo».

È malinconico non potere approfittare delle ridenti promesse delle *garôtinas*, delle fanciullette perché, come osserva il direttore di un grande albergo: «Andare a Rio durante il carnevale con la moglie è come portarsi dietro la birra all'Oktoberfest di Monaco».

E i manifesti esortano: «Fatelo come volete. Il sesso è una bella cosa, non pensate soltanto all'AIDS. Evitate ogni contatto con lo sperma. Utilizzate i preservativi. Riducete il numero dei partner. La masturbazione a due è gradevole e presenta meno insidie».

Si ricorda poi agli eventuali amatori che è opportuno usare la «chemisette de Vénus», che è in vendita in tutte le farmacie.

Secondo il Ministero della Sanità, quattrocentomila persone sarebbero contagiate: e oltre che del facile amplesso, la colpa sarebbe della miseria delle *favelas*, e dei pochi controlli sul sangue.

«L'AIDS» ha detto l'arcivescovo di Westminster, che è anche il Primate d'Inghilterra, «è una Cernobyl morale. Come Cernobyl ha costretto l'umanità a riflettere sul proprio rapporto col progresso tecnologico, così il virus rimette in discussione le relazioni degli uomini tra di loro, e in particolare quelle personali.»

Dopo i secoli oscuri, quelli della severità dei costumi, o dei rigori vittoriani, si era arrivati al sesso libero.

Tutto, a mio parere, comincia con l'invenzione della chiave, che consente di chiudere la porta, e di godere di quella che pomposamente si chiama *privacy*, e con più disinvoltura «fare il proprio comodo».

La corsa verso l'emancipazione, secondo gli storici, inizia nel Medioevo, quando finalmente gli sposi, sdraiandosi sul letto, possono contemplarsi nudi. Non è detto che lo spettacolo sia sempre entusiasmante, ma è bello quello che piace.

Si cita, a proposito, Jacopone da Todi, autore delle *Laudi*, che prima della conversione condusse vita dissipata; ricordate? «Come la salamandra se renova nel foco / così par che gli scandali te sian sollazzo e gioco», Jacopo, dunque, che probabilmente era notaio, aveva sposato la nobile Vanna dei conti Coldimezzo; e solo alla morte della moglie, un anno dopo le nozze, scoprì che la brava signora portava il cilicio.

Ma già nel Trecento le sorprese sono escluse: Isabella di Baviera inaugura grandi scollature che arrivano fino all'ombelico, e mettono in mostra le tette, col capezzolo, per farlo ancor più notare, tinto di rosso.

I garzoni, nelle campagne, approfittano del fatto che le villanelle non usano le mutande, e le buttano gioiosamente per aria, in modo da poter contemplare, come riferiscono i diligenti cronisti, il sedere e i dintorni.

E il Rinascimento valorizza con gli abiti la grazia della persona e nel Settecento si comincia a considerare il lavaggio del corpo una pratica lodevole, anche se una nobildonna russa è per una misurata consuetudine: non più di una volta al mese.

Perché la parola *shampoo* entri nel vocabolario britannico, bisogna aspettare il 1877, e se Dio vuole negli Anni Venti si valorizza finalmente la coscia e Marlene Dietrich, calze nere e giarrettiere su una pelle candida, entra trionfalmente negli eventi. Usi e costumi galoppano verso il topless, il tanga, il bikini; e anche alla donna è concessa l'iniziativa in amore. In America si diffonde, ad esempio, una sbrigativa consuetudine, detta *one-night stand,* traducibile in «ospite per una notte»; due si incontravano, si trovavano simpatici a prima vista, e il solo dubbio da risolvere era: «Da me o da te?».

Ma adesso alla radio di New York, una voce di donna dice: «Prima di andare avanti, caro, mettiti questo, per favore».

E Madonna, molto applaudita, lancia una canzone che invita: *Take your hands off me*, mani a posto, e teniamo le distanze. E sui palcoscenici si rappresenta, con molto successo, un copione dal titolo inequivocabile: *Safe sex*, sesso sicuro.

Ormai, ha commentato un giornalista francese, la situazione è tale che è più igienico un weekend a Cernobyl che un picnic sui prati col fidanzato.

È proprio quello che rattrista la romanziera Erica Jong, che alla paura di volare ne ha aggiunta qualcun'altra, lei che era una convinta teorica del *flying fuck*, della scopatina volante. Ha affidato al «Washington Post» la sua costernazione: «È già difficile trovare dei giovani attraenti, anche senza essere costretti a interrogarli su bisessualità e tossicodipendenza, a pretendere un esame del sangue e a mettere loro in mano un preservativo. Non sarebbe più facile rinunciare completamente al sesso ed entrare a far parte di un ordine religioso?».

C'è già chi ha la risposta pronta, anche se non tutti si lasceranno convincere. Dice Jane Wilson, che cura un programma educativo in TV: «La ragione più valida per modificare il tuo comportamento è data dal funerale di alcuni tuoi amici».

Shere Hite, autrice di un famoso rapporto sulle abitudini erotiche dei suoi compatrioti, assicura che «molte donne non si lasciano scoraggiare e sono ben decise a difendere il piccolo pezzo di paradiso riconquistato negli Anni Sessanta e Settanta».

Due tesi sono in contrasto, quella che mette in luce «l'amore Latex», dal materiale con cui vengono confezionati quei cappuccetti di gomma trasparente, e che è rappresentata, di solito, da coppie abbronzate che corrono, con le chiome mosse dal vento, dandosi la mano, verso un sole rosso e ardente come le passioni, che sta tramontando: «Mi piace fare l'amore ma non sono disposta a morire per questo». È la frase finale dello spot che reclamizza la marca *Life style*.

«Io», risponde una giovinetta scettica e ardita, «preferisco il dubbio, e il piacere senza, alla certezza con il preservativo.»

Ma le sagge prostitute di Ginevra, con un avviso a pagamento su un autorevole quotidiano, insistono per la prudenza, e invitano la spettabile clientela «a non giocare alla roulette russa».

La proposta più sicura, anche se presenta, in pratica, qualche inconveniente, l'ha suggerita Reagan: insegnare ai ragazzi che una delle soluzioni è rappresentata dall'astinenza.

Ci sarebbe anche da rimettere in circolazione la collaudata cintura di castità, che in altri secoli diede qualche rassicurante conforto ai crociati che partivano verso la Palestina, o ai cavalieri di ventura, che lasciavano le spose a casa, ma fino a oggi il solo attrezzo contro il nuovo virus e contro l'herpes, e che incoraggia le miss a usare con più fiducia le comuni toilette è, così viene descritto, «un comodo sacchettino di plastica biodegradabile, non più grande di un portafoglio», che permette alle signorine di fare la pipì in piedi come gli ometti.

Ormai, si è arrivati a una certa impudicizia, nell'andare oltre quel tanto di riservatezza che accompagnava i discorsi sull'umanità e la gioia di certe funzioni.

Il corpo, i suoi umori, le sue zone, più o meno sensibili, sono descritti sempre a scopi didattici, si intende, alla televisione e alla radio con linguaggio esplicito.

Una piccola scelta dei precetti: «Al momento dell'eiaculazione evitare che lo sperma penetri nel cavo orale».

«Evitare assolutamente un rapporto orale senza protezione.»

«Per rapporto normale si intende la penetrazione del membro rigido nella vagina.»

Eppure Anatole France sosteneva che i soliti Adamo e consorte su questi argomenti già ne sapevano più di noi.

E allora perché se ne parla tanto? Spiega il filosofo Gianni Vattimo: «L'AIDS è un modo per appagare un bisogno oscuro di morte che c'è in molti. Un modo per spezzare la noia, un terrore ricorrente che mancava da tempo, essendo sparite le vecchie epidemie e, per ora, persino le guerre».

Ma Dominique Fernandez, che ha lungamente analizzato i tormenti dei *gay* e che con l'ultimo romanzo, *La gloria dei paria,* ha fatto entrare per primo il SIDA nella letteratura, fa dire a Marc, il protagonista, il giorno prima della fine: «La natura non accetta la completa libertà. Fa resistenza all'estensione senza limite delle sue possibilità... Tutto ciò che si realizza con eccessiva perfezione richiama il germe della morte».

È Montherlant, altro omosessuale, che ha scritto: «Tutto ciò che si raggiunge è perduto».

Anche nel mondo dei *gay,* che qualcuno considera chiuso, isolato, molte cose sono cambiate. «È finito il tempo in cui prima si faceva l'amore e poi ci si scambiava il nome», dicono con rimpianto.

Rievoca Angelo Pezzana, il fondatore del Fronte rivoluzionario omosessuale, il Fuori: «Ti danno l'asciugamano, come in tutte le saune. L'ambiente è misto: giovani, vecchi, diverse categorie sociali.

«Il fumo, il caldo, il buio, il sesso abbattono le divisioni di classe.

«Questi locali sono molto frequentati, e suscitano in me una sinistra impressione: che si stia ballando sulla nave che affonda.»

Gli hanno tolto il gusto della scoperta, della caccia o del corteggiamento: nel loro linguaggio «battere» non vuol dire un rapporto a pagamento, ma la ricerca di un partner. Adesso, come si fa a dar fiducia al primo arrivato?

C'è anche chi ci scherza sopra, con acre umorismo: «Si ritorna vergini», oppure: «Stasera non esco: ho un po' di AIDS, ma è leggero. Ci dormo sopra che mi passa»; e chi consiglia: «Impariamo a far l'amore con le persone, non con gli organi genitali».

Ma su questa «categoria a rischio», per falso senso morale, per prevenzioni cristallizzate, per razzismo, si scatena la polemica, anche politica e religiosa. Dice la destra americana: «Dio non ha creato Adamo ed Evo».

È vero: ma ha creato Giulietto e Romeo.

Erano due francesi, due parigini molto colti e molto intelligenti, che avevano una Galleria in Rue Mazarine, a Parigi: grandi studiosi della fotografia, con un particolare riguardo per quella che racconta le sensazioni, le visioni, le storie dei «diversi».

Uno si ammala, e l'altro vede decadere inesorabilmente il compagno di tutta la vita: lo assiste fino all'ultimo, poi lo accompagna al cimitero. Ha già preparato la sua bara: si uccide, e saranno ancora insieme, per sempre.

La loro collezione di foto così particolari è finita, giustamente, in un museo: perché la malizia non è nei nostri occhi, ma nel cuore. Monsignor Quinn, vescovo di Sacramento (California) ha ricordato che «le più dure parole di Gesù furono riservate a quelle persone che si autogiustificavano nel condannare o escludere gli altri».

Del resto, osserva con spregiudicata acutezza quel grande teatrante che è Paolo Poli, «quanti quadri di fede sugli altari sono anche un po' porno. C'è sempre un San Giovannino che mostra una chiappa bellissima, c'è sempre una Maddalena che esibisce una tetta meravigliosa. Perfino la Madonna del latte si diceva che aveva più candele di quella senza la poppa fuori.

«Mishima, il romanziere giapponese, racconta di essersi fatto la prima pippa guardando un San Sebastianino del Reni, con le ascelle alzate come *Rocco e i suoi fratelli.*»

E il cardinale Bernardin, arcivescovo di Chicago, ha voluto lanciare un invito alla tolleranza: «L'AIDS» ha detto « è una malattia umana, non specificamente omosessuale», ma non tutti hanno presente che il Dio dei cristiani non è come il Giove della mitologia, pronto a vendicarsi scagliando fulmini.

Per cui, il povero fornaretto di Chioggia, che era andato in montagna per una breve vacanza, ma che il pettegolezzo cattivo sospettava all'estero, per una cura, sull'orlo della rovina, ha dovuto riempire di manifesti la cittadina, con le prove della sua buona salute: «Non ho l'AIDS; ecco gli esami del sangue».

Ma l'inquietudine serpeggia, e anche l'orrore. Perché non c'è più età, luogo o condizione dove regni la sicurezza: tutto il mondo è un po' San Francisco o Kinshasa, e il virus può percorrere itinerari insospettabili.

Mi ha colpito la storia di Jane Redgrave, vedova di un diplomatico inglese, anni sessantanove. Dieci anni fa, dopo la morte del marito, lascia l'Europa e si trasferisce a New York. È una donna colta, professoressa di storia dell'arte, e l'università la invita a tenere un corso. Riscopre la vita, la invitano perfino a posare nella serie «nonnine belle», per una rivista di moda. Conosce dei pittori e uno, in particolare. Non è drogato, non è omo: eppure Jane rimane contaminata. Forse una iniezione.

Una mattina il postino le porta il responso: positiva. Non ne parla con nessuno: va all'ospedale, ma si inventa una epatite virale di ritorno.

Vuole continuare a vedere i nipotini, ricevere le amiche per il tè, non accetta che la trattino come una condannata.

«Ogni giorno, quando apro gli occhi» ha confidato a Pierre Hurel, «mi ispeziono. Se tossisco un po', se mi gratto, se ho degli arrossamenti, immagino che quel momento è venuto. Quando ne sarò proprio certa, prima che la volontà mi abbandoni, manderò giù dei sonniferi.»

In Olanda almeno dieci ammalati hanno già fatto ricorso alla *Milde dood*, alla dolce morte. Hanno chiesto l'intervento del loro medico personale, che ha fatto sospendere le cure, e ha preparato una pozione letale di barbiturici e curaro; uno ha detto: «Vorrei una fine decorosa, non immerso nei miei escrementi e con orribili piaghe».

E ha fatto valere il suo diritto all'eutanasia.

AIDS: non esiste nessuna parola di quattro sillabe che racchiuda in sé tanto terrore, e significhi anche tanto disprezzo. Eppure davanti a questo rischio, come qualcuno ha detto, «siamo tutti nudi».

È provato che non può insorgere nessuna malattia tra due amanti sani, qualunque cosa facciano. Occorre un terzo, e mai come in questo caso, incomodo.

Ma quanti uomini sposati hanno almeno un rapporto extraconiugale in un anno? E quanti uomini incontra una donna nubile, prima di trovare quello della sua vita?

Michael Koch, un grande epidemiologo svedese, ha tracciato una specie di ritrattino dei più indifesi davanti al misterioso killer: «Il rischio più elevato lo corre un giovane da marciapiede, tossicodipendente, che viene incarcerato; poi la prostituta che non può fare a meno dell'eroina; poi, forse gli omosessuali promiscui; poi gli uomini e le donne che cambiano facilmente partner; e infine chi subisce un incidente d'auto e deve sottoporsi in ospedale a una trasfusione di sangue».

È anche vero che il contagio è molto difficile: anche se il virus è presente in vari fluidi fisiologici, come le lacrime, l'urina, le secrezioni vaginali, la più alta concentrazione si trova nel sangue e nello sperma.

Ed è anche fragile: basta, a neutralizzarlo, la luce del sole, un normale detersivo, la saponetta.

Chi rimane contagiato, però, lo è dal momento stesso del contatto, o da poche settimane dopo, e tale rimane fino al termine dei suoi giorni. Ma una persona che non si inietta sostanze stupefacenti, che ha abitudini sessuali «normali», che è monogama, e se la intende con un'altra dalle stesse caratteristiche, se non le capita di dover avere un apporto di sangue, ha una possibilità su un milione di contrarre l'infezione. Le donne negre o portoricane hanno invece quindici probabilità in più di venire contagiate delle bianche.

Secondo una inchiesta di Hans Halter in Europa si raddoppia, più o meno, ogni dodici mesi, il numero di malati che hanno raggiunto lo stadio finale, e a ogni persona che muore di AIDS corrispondono quattrocento «positivi». Questo è l'aspetto devastante dell'epidemia che non conosce frontiere o limiti: passa anche oltre quella che un tempo si chiamava la «cortina di ferro».

In Unione Sovietica, la sindrome cambia nome: diventa SPID. Ma non si fa nessuna campagna per contrastarla, e non si hanno statistiche ufficiali. Dal 1917 non dovrebbero più esserci prostitute, e l'omosessualità è condannata: veicolo sarebbero i turisti stranieri, o gli studenti che frequentano l'Università di Mosca, provenienti dall'Africa nera o dall'America latina.

La Germania dell'Est ha esaminato un milione di volontari, ma conta un solo decesso e quattordici sieropositivi.

Ci sono signorine che negli alberghi sono disposte a farvi compagnia, ma non esistono *dark rooms*, saune accoglienti, e così via: non si escludono, è ovvio, incontri alle toilettes, ma mancano i luoghi in cui i germi si diffondono, e la droga non è un fenomeno preoccupante.

Nella Germania dell'Occidente, al contrario, il paesaggio cambia: esistono decine di case dove uomini e donne possono mescolarsi nel buio, senza abiti e senza inibizioni. I vestiti, tutti, vanno lasciati al guardaroba.

La più famosa ha una insegna allettante *Traumland*, paese di sogno, ed è nella Renania, a Bad Honnef. È anche il più grande club per lo scambio di coppie: si entra sempre in due. Tra le signore, anche qualche prostituta non registrata.

Le serate che contano sono, ovviamente, venerdì e sabato, e nella villona riservata parcheggiano macchine che arrivano da lontano.

Anche il giovedì non deve essere per niente male: è una festa che ha per tema «l'orgia lussuriosa».

Ci sono, come attrezzature, alcune camere buie, con accoglienti materassi, nessuno parla di AIDS, o di profilattici; ognuno è impegnato nella sua battaglia al grido di «Si salvi chi può». Per le gentili ospiti che desiderano essere «viziate» da diversi spasimanti, secondo piano, camera riservata.

C'è un giornaletto, «Happy weekend», organo del movimento per il sesso di gruppo, che tira centomila esemplari, ed è pieno di invoglianti «occasioni». Si calcola che dalle duecentocinquanta alle trecentomila coppie pratichino questo sport.

Questi tipi sfidano la sorte e se ne infischiano dei saggi consigli. Il professor Koch, dell'ufficio sanitario di Berlino, ammonisce: «A chi avvicina una donna in un bar con un cocktail allo champagne dovrebbero restare ancora alcuni spiccioli per un preservativo».

Anche se, si osserva, per i *gay* non è una grande risorsa: è un po' come fare la doccia con l'impermeabile. Infatti nei loro locali va molto la confezione «due pezzi»: *One for you*, come dice una scritta sulla bustina, *one for me*.

Il *Pariser*, questa è la denominazione locale, è considerato la protezione più seria, e il fabbisogno è tanto cresciuto che i proprietari di distributori automatici hanno buttato fuori le sigarette, sostituendole col cappuccio protettivo, di cui si prevede una distribuzione accurata anche ai 450 mila giovani che compongono le forze armate.

Non esistendo alcun trattamento, questa è l'unica alternativa. Lo hanno capito benissimo le autorità svedesi, che il primo giorno di scuola, a ventimila giovanetti e giovanette, hanno fatto trovare una busta che conteneva, oltre a un opuscolo illustrativo, tre «condom».

I professori li hanno anche brevemente intrattenuti sull'uso, spiegando come l'aggeggio che George Bernard Shaw considerava «la più grande scoperta del diciannovesimo secolo», ha illustri precedenti nella storia: se ne parlava nell'antico Egitto, e i cretesi si servivano di delicate vesciche di pesce, e l'astuto Casanova, per la festa di Ognissanti, a Vienna, nel 1753, derubò del suo corredino una suora che, disperata, lo pregava di restituirle «ciò che è così prezioso per una monaca che vuole sacrificarsi sull'altare dell'amore».

La severa e cattolica Baviera crede invece nella severità delle leggi: propone esami obbligatori, controlli degli slanci, obbligo della denuncia, chiusura delle case di tolleranza: tutti provvedimenti, sostengono gli esperti, che invece di impedire la diffusione la favoriscono; una persecuzione che nascerebbe dall'ipocrisia, e dal rancore verso il sesso.

Ma i sostenitori della tesi della durezza, in particolare il giovane segretario di Stato Peter Weiler, hanno anche alcuni argomenti: perché, dicono, un impiegato bavarese che per ottenere il posto deve sottoporsi a un esame della vista non dovrebbe anche essere obbligato al test dell'AIDS?

Perché si può controllare che i soldati non abbiano i piedi piatti ma non vedere se sono positivi?

Perché i ragazzi da marciapiede e le prostitute debbono potere diffondere liberamente il pericoloso virus nella società?

Forse perché quello che conta di più è un rapporto di fiducia, e un'opera di educazione.

Per avere un quadro di come è, oggi, la situazione nel mondo, sono andato a parlarne con il dottor Anthony Fauci: è considerato il maggiore immunologo degli Stati Uniti. Ha quarantasette anni, e le sue origini sono siciliane. Fa parte di quegli «italiani d'America» che hanno raggiunto posizioni di grande rilievo: come Lee Iacocca, il presidente della Crysler, Mario Cuomo, governatore dello Stato di New York, Robert Gallo, uno degli scopritori del virus dell'AIDS. Dirige, a Bethesda, l'Istituto per le malattie infettive, forse il centro di ricerca biomedica più avanzata.

«Il momento» dice «è estremamente grave. Solo negli Stati Uniti sono stati segnalati trentamila casi di AIDS, l'Organizzazione mondiale fa un conto complessivo di quarantamila, ma probabilmente sono molti di più. Direi che dovrebbero essere circa centomila, perché le segnalazioni dell'Africa centrale, ad esempio, non sono precise come da noi, o in Europa.

«Ma il numero di individui infetti è probabilmente nell'ordine di decine di milioni. Solo negli Stati Uniti un milione o due di persone sono venute a contatto col virus.

«Difficile localizzare l'origine della malattia da un punto di vista geografico. Ci sono state supposizioni che lo vorrebbero presente in un particolare tipo di scimmia dell'Africa centrale. È possibile, ma non sappiamo di certo che cosa è realmente accaduto laggiù; alcuni elementi fanno pensare che fosse già presente in quelle zone, prima di fare la sua comparsa in Europa e in America, ma si tratta di semplici supposizioni che non sono suffragate da prove scientifiche.

«Attualmente il numero di coloro che sono effettivamente malati non è che una frazione minima del totale degli infetti. Il rapporto americano, ripeto, è fra trentamila colpiti dall'AIDS e uno o due milioni di cittadini che si portano addosso la sindrome. Che non si diffonde, bisogna tenerlo sempre presente, con contatti casuali: uno starnuto, una stretta di mano, al ristorante, i cani e i gatti.

«La consapevolezza del grande pericolo connesso ad alcuni comportamenti ha cambiato le abitudini sessuali, almeno negli Stati Uniti. È dimostrato dal fatto che altre infezioni trasmesse per via sessuale, tra *gay*, ad esempio, sono diminuite in alcune città anche del 90 per cento. Anche gli eterosessuali tendono sempre più alla monogamia. Quando non si è sicuri della buona salute del partner, il profilattico è un'ottima misura di sicurezza.

«Che cosa prevedo per l'immediato futuro? Un incremento costante dei casi, perché sono state fatte delle proiezioni per i prossimi cinque anni, secondo le quali, il 20 o il 30 per cento dei sieropositivi, attualmente sani, svilupperà la malattia. Quindi solo negli USA si prevedono, entro il 1991, 270 mila AIDS conclamati.

«Attualmente la ricerca sta concentrando i suoi sforzi per produrre e sperimentare, speriamo presto, dei vaccini. Dobbiamo trovare dei farmaci in grado di sopprimere e uccidere il virus e di immunizzare. Adesso, in mancanza di una terapia efficace, la via da percorrere è quella della prevenzione.

«L'epidemia sta aumentando in una maniera più o meno accentuata anche in Europa. Sappiamo che in alcuni Stati dell'Africa centrale addirittura il 10 per cento della popolazione non ha contratto la malattia, ma è infetta. Significa che in pratica il 10 per cento dei neonati nasce da madri positive. Inoltre, la carenza nel controllo del sangue, può anche significare che una trasfusione su dieci ha la possibilità di essere contaminata.»

L'AIDS è considerato «il più grande avvenimento medico dalla fine del ventesimo secolo», e attualmente è per l'industria farmaceutica un mercato da trecento milioni di dollari, che raddoppieranno entro il 1992. Numerosi laboratori, di cui 24 di case produttrici di medicinali, sono impegnati nella ricerca. Si tratta di salvare l'umanità e di incrementare gli utili aziendali. La Burroughs-Welcome, che ha il brevetto dell'AZT, ha visto il valore delle sue azioni crescere al New York Stock Exchange del 40 per cento.

Il problema da risolvere per gli scienziati è assai complicato, perché la struttura genetica dell'AIDS varia considerevolmente da un ceppo all'altro, mentre un vaccino efficace dovrebbe proteggere contro qualunque specie.

Al momento, sono pochi i prodotti che incoraggiano la speranza: l'AZT è una sostanza ottenuta dallo sperma delle aringhe, consente ai linfociti presenti nell'organismo di ricominciare a moltiplicarsi senza venire immediatamente attaccati dal virus.

Esce dai laboratori del gruppo Burroughs-Welcome, ed è stato provato su 145 pazienti ormai allo stadio finale, e confrontato con altri 137, trattati con un innocuo placebo. Dopo quattro mesi, fra i trattati con l'AZT si contava un solo morto, nell'altro gruppo, 16.

Ma l'AZT ha anche alcuni incovenienti: è solo un promettente antivirale, fortemente tossico, carissimo. La cura costa dai sette ai diecimila dollari. Effetti collaterali: danneggia il midollo spinale e i globuli rossi, e provoca forte anemia.

Gli svizzeri della Hoffmann-La Roche stanno collaudando, è appena iniziata la trafila delle prove cliniche, il DDC, che si annuncia ancora più efficiente; ma tutte le speranze si orientano sugli ormoni dell'immunità, che dovrebbero attivare le cellule, moltiplicandole, e spingerle a difendersi.

In Israele somministrano l'AL721, un derivato dal rosso dell'uovo di gallina. È stato provato su Michael May, il direttore del coro del Metropolitan: era praticamente morto, e ha diretto un concerto alla Carnegie Hall. Non è guarito, ma vive, sta bene, e continua la cura.

C'è poi l'Interleuchina 2, che rigenera il sistema immunitario, c'è il Virazole, l'Immuthiol, che in Francia ha provocato notevoli miglioramenti, ma che è soprattutto un efficace trattamento nei casi di intossicazione da rame o da nichel, e c'è l'americana Cyanothimidina: blocca la riproduzione del virus, ma provoca altri e seri disturbi. Ci vorrà del tempo prima che con due gocce di un liquido portentoso, fatte colare magari su una zolletta di zucchero, si debelli l'AIDS, come è già accaduto per la poliomielite.

Ma a chi andranno le *royalties*, i diritti della sensazionale scoperta? Non è in gioco soltanto un mercato da milioni di dollari, ma anche la speranza di un Premio Nobel.

Per sconfiggere l'AIDS, e per non danneggiarsi con una inutile polemica, Francia e Stati Uniti hanno firmato un armistizio e deciso di unire le forze. Basta con le dispute e le rivendicazioni: l'Istituto Pasteur di Parigi, e il Dipartimento della Sanità degli USA, che per primi hanno scoperto la Sindrome da Immunodeficienza Acquisita, hanno stabilito che il 20 per cento dei profitti andrà alle due «équipes» degli scopritori, il professor Montagnier e il professor Gallo, e il resto a una fondazione internazionale per le ricerche sulla malattia.

Luc Montagnier, dottore in medicina e licenziato in Scienze, è nato nel 1932, nell'Auvergne, il padre era un modesto ragioniere. Tarchiato, sorridente, occhi grigi dietro le mezze lenti, ha una faccia aperta e tranquilla, da provinciale ben costruito. Porta all'occhiello il nastrino della Legion d'onore. È sposato, ha tre figli, e abita in una casetta con giardino, a Le Plessis-Robinson, quaranta chilometri da Parigi.

Ogni mattina, alle otto, esce di casa, e alle nove è nel suo studio al secondo piano del *Bâtiment Virologie,* all'Istituto Pasteur. Vi resta fino a sera.

Da quattro anni non fa vacanze; gli piace guidare la macchina, possiede una Lancia Thema, e ascoltare musica classica: «Amo le auto nervose abbinate a Mozart e Bach» dice.

Quest'anno il vecchio Pasteur festeggia il primo centenario: è un organismo privato che vive dei proventi delle sue scoperte, e di lasciti. Dalla duchessa di Windsor, ex signora Simpson, ha ereditato una collezione di gioielli, che furono venduti con un'asta a Ginevra.

L'appartamento di Luigi Pasteur è rimasto com'era: la stanza da letto, il grande tavolo della sala da pranzo, dove cenava spesso coi suoi collaboratori, il bagno di zinco, dove si immergeva a fatica con l'aiuto di Marie Laurent, la moglie, perché paralizzato da un colpo apoplettico.

I medici non lo consideravano, perché era un chimico; ma chi guarisce, alla fine, ha ragione. Ha vinto il carbonchio, la rabbia, il colera dei polli, la malattia delle vigne; ha aiutato gli uomini a vivere, e ha lasciato un insegnamento ai suoi discepoli: «Prima di essere sicuri bisogna distruggere le ipotesi».

Dunque Montagnier ha isolato il virus, che lui definisce «una piccola infame cosuccia»; Gallo, quattro mesi dopo, ha dimostrato che era responsabile dell'AIDS. I francesi lo chiamarono LAV; gli americani HTLV III e nel 1983 un Comitato internazionale ha deciso per HIV.

La conversazione è sciolta, anche ironica, sempre chiara; anche se la segretaria ha fatto capire che il professor Montagnier preferisce occupare il suo tempo al microscopio che con delle interviste.

«Il dottor Sabin mi disse che, da bambino, aveva scoperto la sua vocazione di ricercatore leggendo un libro che una volta era famoso: *Cacciatori di microbi* di Paul De Kruif. Che cosa l'ha indotta, quando era ragazzo, a dedicarsi alla scienza?»

«Ho letto molti libri di fantascienza, non ne ricordo uno in particolare, che hanno provocato il mio interesse nei confronti della fisica, piuttosto che della biologia, perché allora sognavo i viaggi interplanetari.

«Un altro motivo per cui sono diventato ricercatore è il fatto che fin da quando ero molto giovane mi sono posto mille domande sull'origine del mondo, e ho pensato che lo studio avrebbe potuto darmi delle risposte.

«Dal momento che non ero molto bravo in matematica, non ho frequentato fisica, come avrei preferito, e ho scelto la biologia, la medicina.»

«Quali sono le qualità che ritiene indispensabili per dedicarsi alla ricerca?»

«Essere molto pazienti, molto tenaci, e non lasciarsi scoraggiare dagli insuccessi, che rappresentano il 90 per cento delle esperienze.

Parlo dell'esplorazione di cose nuove. È quindi un lavoro molto duro, ma affascinante.»

«Che cosa l'ha condotta sulla strada del virus del SIDA, dell'AIDS?»

«Il fatto che ci interessavamo a questa nuova malattia, che si parlava di una possibile origine virale e che già da diverso tempo lavoravamo su dei tipi di virus chiamati retrovirus che sono coinvolti nelle forme cancerogene. È in quel campo che cercavamo soprattutto.

«Ma siamo stati sollecitati da una serie di circostanze: in Francia era stato costituito un gruppo di lavoro sull'AIDS, formato essenzialmente da medici che han chiesto di collaborare con noi. E poi, il Pasteur, che produceva il vaccino contro l'epatite, si preoccupava anche della possibilità della trasmissione dell'agente dell'AIDS nei materiali che usavamo per produrre il preparato contro l'infezione del fegato. Questo ci ha consentito di cominciare con idee abbastanza precise. Sapevamo che cosa volevamo trovare e abbiamo avuto fortuna.»

«Quanto incide il caso, o l'intuizione, o la tenacia in una scoperta?»

«È un insieme dei tre. Effettivamente bisogna avere molta tenacia: una specie di idea fissa. Bisogna avere fortuna; ma anche sapere cogliere l'opportunità.

«Nel caso del virus dell'AIDS le tecniche esistevano già, non vi sono state innovazioni, e il concetto che seguivamo era abbastanza ampio. Vale a dire: non avevamo delle prevenzioni, non dicevamo a priori che questo o quel virus avrebbe potuto essere la causa della malattia. Eravamo assolutamente aperti e questo ha fatto sì che non cadessimo nelle trappole in cui sono finiti altri colleghi.

«Ad esempio: abbiamo pensato fin dall'inizio che doveva trattarsi di un virus di nuovo tipo e non appena abbiamo ottenuto i primi risultati ci siamo resi conto che si trattava di qualcosa di nuovo, di sconosciuto.»

«Quando si è reso conto di avere identificato la causa di una delle più gravi malattie che ci minacciano?»

«Nei primi mesi del 1983, dopo la prima coltura di virus nelle cellule ematiche in vitro. Non appena siamo riusciti a caratterizzarlo, abbiamo capito che non aveva precedenti.

«C'è voluto molto più tempo per dimostrare che era proprio lui che provocava l'AIDS. Infatti si sarebbe potuto credere che fosse di passaggio, che approfittava dell'immunodeficienza.

«Ci sono voluti da sei a otto mesi per una squadra formata da persone con competenze particolari, dei virologhi, degli epidemiologhi, degli immunologhi, dei chimici, una decina di specialisti che nel nostro laboratorio, e anche con collaborazioni esterne, ha potuto dimostrare che questo virus era proprio la causa dell'AIDS.

«Successivamente siamo stati contenti di sapere che i nostri colleghi americani, che erano partiti su una strada poi finita in un vicolo cieco, hanno modificato il loro orientamento, e hanno trovato un virus che hanno battezzato in modo diverso, ma che poi si è riscontrato che era assolutamente identico.»

«Come appare l'AIDS al microscopio? A cosa assomiglia?»

«Sembra un sacchetto, con un lembo che gli consente di riconoscere le cellule, di attaccarsi a loro, di succhiarle.

«Dentro il lembo si trova una specie di nocciolo che contiene il codice genetico del virus, l'acido nucleico, che è un RNA, a sua volta protetto da due o tre proteine e al microscopio elettronico appare come una struttura molto densa. Si vede una specie di parte nera centrale, circondata da una membrana, che è la parete del sacchetto, cioè del virus.

«Si tratta di una struttura da un lato molto comune a diversi retrovirus, ma d'altra parte abbastanza particolare, perché finora era stata osservata soltanto in due o tre altri virus degli animali, della pecora, della capra e del cavallo.»

«Interpretato dal computer, il virus sembra un sole malato. Ha dei colori? Si muove in una certa maniera?»

«No, le fotografie a colori sono degli artefatti dell'uomo. Il virus non ne ha. Penso che se lo si vedesse allo stato vivente sarebbe una specie di sacchetto immobile, assolutamente inerte.

«Il virus è un parassita, vive soltanto se riesce a penetrare nella cellula, è una specie di piccolo serbatoio, come la cassetta del registratore, e la cellula è il registratore. Perché la cassetta serva a qualcosa va inserita nel registratore, altrimenti è del tutto inutile.»

«Ricorda il giorno, il momento preciso dell'identificazione?»

«Sì, annoto tutto nei miei registri e me ne ricordo piuttosto bene. A quell'epoca tenevo un corso di virologia al Pasteur; al mattino ho fatto lezione e l'esperimento si è svolto nel pomeriggio.

«Era il 3 gennaio 1983 quando ho cominciato la coltura delle cellule di un malato per la rilevazione del virus. Il virus stesso credo sia stato isolato un paio di settimane dopo, e la caratterizzazione è avvenuta nei mesi successivi.»

«Ne ha parlato in famiglia? Ha raccontato a sua moglie degli esperimenti?»

«No, mia moglie non è uno scienziato, sa che mi occupo di virus, lo sanno anche i miei figli, ma per me si trattava di un giorno come un altro.

«Avevo molti altri esperimenti in corso, e non sapevo che proprio quello sarebbe diventato famoso.»

«Le sembra giusto chiamare l'AIDS *la peste del nostro secolo?*»

«Sì e no. Non si tratta di un morbo in senso classico, come la peste del Medioevo. Non è una malattia estremamente contagiosa, che si trasmette con un semplice contatto, o respirando l'aria di un malato. Occorre un rapporto sessuale, o tramite il sangue. Ricorda più la sifilide, il Rinascimento con il male di Napoli, o la malattia francese: fa venire in mente la peste solo per l'impatto che ha nell'immaginazione delle masse, nelle coscienze.

«La gente ha paura perché è spesso mortale, ha un lungo periodo di incubazione, è insidiosa, e tutti sono a conoscenza del pericolo. Ma non penso che, dal punto di vista demografico, provocherà le stesse catastrofi del passato.»

«Cosa si aspetta dalla sua fatica?»

«Credo sia necessario continuare. Abbiamo ottenuto dei risultati per quanto riguarda la trasmissione per via sanguigna; sono in corso molte ricerche.

Abbiamo scoperto un secondo virus in Africa, la cui conoscenza può essere importante. Lo stiamo analizzando nei particolari da un punto di vista molecolare e speriamo, grazie al confronto col precedente, perché sono geneticamente molto diversi, di poter determinare le parti del virus importanti per il potere patogeno, per la sua capacità di diffondere la malattia.

«Sarà poi possibile sperare di avere a disposizione più mezzi per produrre il vaccino.

«Partendo da questo secondo virus, è anche ragionevole sperare di realizzare più facilmente dei test sugli animali, perché è più simile ai virus delle scimmie. È di questo che ci stiamo occupando ora.

«Una ricerca a più lungo termine è quella relativa a una terapia destinata, in particolare, alle persone colpite dal virus, che tuttavia non sono ancora malate, e che formano il gruppo più numeroso. Se riusciremo a fermare lo sviluppo dell'infezione, forse riusciremo a impedire la comparsa della malattia.

«Quindi il nostro scopo è quello di realizzare dei test di prognosi che ci consentano di dire: "Attenzione, questo individuo avrà presto l'AIDS, è necessario curarlo rapidamente".

«Inoltre speriamo anche di sviluppare degli esami che ci permetteranno di dire: "Quest'uomo non è assolutamente più contagioso".

«Ci occupiamo inoltre del cervello, dell'affezione a livello nervoso, che è molto grave e che forse potrà perdurare, anche se sarà possibile guarire l'immunodeficienza.

«Presso gli animali esistono dei modelli che evidenziano come queste forme nervose possono apparire più di dieci anni dopo l'insorgere dell'infezione.

«È quindi possibile che si arrivi a una situazione simile a quella che si osserva per determinati tumori, per i quali esiste una buona terapia, ma con formazione di metastasi nel cervello che non siamo in grado di trattare.

«È necessario essere consapevoli di queste difficoltà. Non voglio essere allarmista, ma soltanto dire che avendo trovato la cura dell'AIDS non avremo con ciò risolto tutti i problemi.»

«Lei ha scritto un libro: *Vaincre le SIDA*. Quanto tempo ci vorrà?»

«Non sono un indovino, ma solo uno scienziato come tanti, e sono molti quelli che attualmente si occupano di questa faccenda.

«È possibile sperare che fra dieci-quindici anni non si parlerà più dell'AIDS come di un pericolo, di un flagello per l'umanità. Ma si tratta soltanto di un auspicio; non sono in grado di dare nessuna certezza.»

«Fra tutti i malati che ha avuto modo di vedere, ne ricorda uno in particolare?»

«Sì. Io non sono un clinico, quindi non ho visto molti malati. Alcuni vengono da me, e i giovani mi colpiscono di più. Mi rendo conto che per alcuni è molto difficile sopportare la minaccia che si nasconde nel contagio: non vogliono morire.

«Noi non cerchiamo di consolarli, perché credo sia necessario dire loro la verità. Ma aggiungiamo che non sono dei condannati, perché l'AIDS non è mortale al cento per cento. È un po' diverso dalla rabbia, che una volta che ha attaccato il sistema nervoso provoca la totalità dei decessi. Quindi c'è sempre una speranza, o anche la possibilità che la scienza trovi un rimedio. Gli diciamo allora di resistere: è molto importante che si difendano. Il sistema immunitario e quello nervoso sono collegati: e se una persona è più forte dal punto di vista psicologico, lo è anche nei confronti del virus. È necessario che queste persone lo sappiano, e anche i medici ne siano consapevoli.»

«Il dottor Sabin ha detto che bisogna dare più dignità alla morte. Credo che sempre la fine si assomigli, ma c'è qualcosa di particolarmente umiliante in quella provocata dall'AIDS?»

«Si tratta di una malattia come le altre. Alcuni la considerano vergognosa, ma non lo è. Non vi è motivo di fare discriminazioni, non è più orribile di un altro male.»

«Un medico inglese sostiene che il virus è stato messo in circolazione da un laboratorio di ricerche belliche. È possibile?»

«Sono contento che mi faccia questa domanda. La storia è nata dalle dichiarazioni di alcuni medici della Germania dell'Est, è stata ripresa da un giornale inglese, ed è assolutamente ridicola.

«Ho letto attentamente la relazione iniziale che contiene una specie di amalgama di fatti veri e di cose non provate.

«In effetti il virus dell'AIDS, se si analizza il codice genetico, non può essere stato prodotto dall'uomo partendo da virus esistenti in precedenza, non è possibile.

«Si parla, ad esempio, di un virus della pecora e di un virus umano che sarebbe lo HTLVA, ma se si analizzano le due sequenze, ci si rende conto che questa costruzione è irrealizzabile.

«D'altra parte, se si trattasse di un prodotto di laboratorio, anche di un laboratorio militare, bisognerebbe ammettere che nel 1970 questi scienziati già possedevano le conoscenze che l'insieme della comunità mondiale ha percepite solo dopo il 1980. Il che è assolutamente escluso.

«Detto questo, l'origine del virus resta misteriosa. Crediamo provenga dall'Africa, ma ci sono altri aspetti che ci preoccupano.

«Ad esempio: non sappiamo che cosa è successo prima del 1970, non sappiamo quale fosse la culla del germe. Pensiamo che in Africa esista, rappresentato dagli animali o dalla popolazione.

«Abbiamo sentito parlare di scimmie: infatti il secondo virus da noi scoperto è molto simile a quello di questi primati. Credo che tra qualche mese ne sapremo un po' di più, perché conosceremo tutti i codici genetici: quello della scimmia, quello dell'HIV II, eccetera. Sarà possibile confrontarli e osservarne le differenze.

«Tuttavia è possibile dire fin d'ora che il secondo virus umano non rappresenta semplicemente un passaggio dalla scimmia all'uomo, poiché in ogni caso esistono delle differenze: se c'è stato un trasferimento, questo è accaduto nella notte dei tempi.

«Il secondo virus è più frequente nell'Africa centrale da dove è partito per colonizzare l'America del Nord e poi il resto del mondo, comunque è piuttosto lontano da quello dei quadrumani, che non sembra affatto costituirne l'origine.

«È quindi possibile sospettare l'esistenza di un serbatoio, forse rappresentato da gente africana, che per il momento non è stato trovato, e siamo tuttora nel campo delle ipotesi.

«Non ho alcun motivo per pensare che sia venuto dal cielo, da un meteorite. Si tratta di virus abbastanza vicini a quelli della pecora e del cavallo, quindi non si tratta di una invenzione, di una novità. La natura si è semplicemente servita di quello che già esisteva.

«È possibile che il potere patogeno del germe, la sua capacità di generare la malattia, si sia manifestato decine di migliaia di anni fa in seguito a una variazione genetica che gli ha consentito di scegliere come bersaglio i linfociti, cioè le cellule responsabili dell'immunità.

«È davvero molto abile, perché per la sua conservazione ha scelto come rifugio proprio quegli organismi viventi destinati in genere a eliminare i virus.»

«Quando passerete alla sperimentazione sull'uomo?»

«È assolutamente indispensabile, non è possibile farne a meno. Tuttavia deve essere condotta secondo le regole etiche già esistenti, non c'è alcun motivo di non tenerne conto in queste circostanze.

«A mio parere le prove, soprattutto del vaccino, dovranno essere fatte dopo avere ottenuto un certo numero di risultati dalle scimmie.

«Se saranno positivi, si potrà allora passare a uno studio sui volontari, che dovranno essere per lo meno informati di quello che verrà loro iniettato. Credo che probabilmente siano già pronti presso diversi laboratori. Devo dire che sono già in corso degli esperimenti per quanto riguarda la terapia, ma anche in questo caso, la legge morale viene rispettata.»

Se in Francia Dominique Fernandez porta il SIDA all'onore del romanzo, in America Harvey Fierestein, vincitore di due *Tony*, gli Oscar del palcoscenico, si ispira a *the Black Plague*, alla «peste nera» per *Safe sex*, tre atti unici che raccontano, coi modi della commedia, alcune umane vicende dell'AIDS.

L'ultima storia, quella che più solleva l'entusiasmo della platea, è quella di Arthur, un omosessuale che assiste il compagno fino alla fine. La ex moglie dell'estinto e il figlioletto di undici anni vogliono togliergli l'ultimo e il solo diritto: quello del dolore.

C'è un dialogo rabbioso, prima di arrivare alla pace. Si abbracciano: il morto è di tutti. Cala il sipario.

Dice Fierestein, trentaquattro anni, che è anche attore e regista, e che non ha mai nascosto la sua condizione di *gay*: «La gente va a teatro con la scusa di divertirsi, e intanto esorcizza la paura, cerca di capire il dramma di chi è caduto.

«L'AIDS ha cambiato tutti i rapporti sociali. Prima che scoppiasse, eravamo un ghetto misterioso e affascinante. Oggi di noi si sa tutto.»

New York ha paura, e con Los Angeles paga un pesante tributo. «Ci sono due epidemie» spiega il «Village Voice», «quella dei Bianchi, in genere "diversi", e l'altra dei Neri, o delle persone di origine spagnola. Tra queste, la metà sono eterosessuali.»

L'AIDS è diventata la causa di decesso numero uno a New York, per gli uomini dai venticinque ai quarant'anni. Tutte le professioni sono coinvolte. Ma è nel campo artistico che l'impatto è più visibile. Le vite sono pubbliche; le morti anche.

Col titolo: *AIDS in memoriam: a lost generation*, «Vanity Fair» ha pubblicato cinquanta nomi e cinquanta foto di vittime della sindrome che appartengono, appunto, alla generazione perduta.

Si comincia, naturalmente, con Rock Hudson, poi l'elenco continua con due direttori dell'«Opera», Ronald Bentley e David Hicks, poi Perry Ellis, il Saint-Laurent degli USA, e Way Bandy, il truccatore delle dive e delle grandi signore, da Nancy Reagan a Elizabeth Taylor.

Anche la politica conta i suoi caduti: come il deputato repubblicano Stewart McKinney, padre di cinque figli, e uomo dai costumi ritenuti esemplari, probabile vittima di una trasfusione, e il giornalista e commentatore di destra Terry Dolan, autore di articoli e di discorsi durissimi contro coloro che deviavano e contro i sieropositivi: «Se sei malato lo hai voluto».

Chiedeva che fossero cacciati dall'impresa, e che gli insegnanti froci venissero cacciati dalla scuola.

Forse ha vissuto una doppia esistenza, ma il pregiudizio costringe parecchia gente a recitare un duplice ruolo: un celebre stilista, quotato in Borsa, inquieto per le chiacchiere che lo riguardavano e che si riferivano ai suoi gusti particolari, per garantirsi la tranquillità finanziaria ha sposato a Roma la sua assistente.

Neppure il mondo dei religiosi è risparmiato dal virus: nessun riguardo per rabbini, episcopali, cattolici, battisti, e i cattolici, col loro voto di castità, e la condanna di chi va «contro natura», hanno ancora più difficoltà.

Se ne è andato il vescovo metodista Finis Crutchfield, anni settanta: e nessuno dei familiari riesce a capire dove e come ha contratto la sindrome, niente droga, niente trasfusioni, e figuriamoci le relazioni extraconiugali.

E ha suscitato interesse e pietà padre Mario Rivesco, che prima di votarsi al Signore, come Francesco di Bernardone, aveva condotto una esistenza allegrotta e dissipata.

Quando si è saputo che nel suo certificato stava scritto: «sieropositivo», padre Keeler, il superiore, è stato inflessibile: «Fuori dal convento, e non bussare mai più a questa porta».

Così padre Mario ha lasciato il monastero dell'abbazia di Sant'Anselmo, sulle montagne del New Hampshire, e i fratelli benedettini: «Io ho abbandonato il mondo» ha commentato con amarezza «ma il mondo non ha abbandonato me».

È uscito dalla comunità, e fa l'infermiere in un centro laico che assiste gli ammalati: «Almeno dieci dei miei ricoverati» dice «sono membri di ordini religiosi.»

Ma non sempre questa inflessibilità biblica viene applicata: il vescovo di Honolulu ha curato uno dei suoi preti, e ha celebrato il funerale, senza mai parlare del male. E il padre guardiano di una badia francescana, è andato a riprendere padre Joseph Avella che aveva lasciato la congregazione: «Torna con noi, la tua casa è da noi».

A Los Angeles si calcola che l'AIDS provocherà più caduti della prima e della seconda guerra mondiale, e della Corea e del Vietnam. Coinvolge tutte le famiglie: se ne parla, se ne discute.

A New York sono stati recensiti ufficialmente 9891 casi che rappresentano una spesa per il comune di 335 milioni di dollari. In tutta l'Unione, 45 mila volontari, scelti col computer, e che rappresentano la popolazione (si è tenuto conto del sesso, delle origini etniche, delle abitudini di vita) sono pronti a sottoporsi a un test: bisogna valutare il rischio in profondità.

Perché la psicosi del pericolo si va sempre più diffondendo, e assume anche forme morbose.

Lorenz Lowens, diciannove anni, ha assassinato, pugnalandolo, uno dei suoi più cari amici, Kenneth Price.

Ha spiegato alla polizia: «Non potevo credere a quello che diceva. Dopo un rapporto sessuale mi ha rivelato che aveva l'AIDS, e allora gli ho detto: "Te ne freghi di me".

«E quasi sorridendo mi ha risposto: "Pensa quello che ti pare".

«Poi ha cominciato a rivestirsi con molta calma. Io sono andato in cucina, ho preso un coltello e ho cominciato a colpirlo.»

L'angoscia, o addirittura il panico, impongono un nuovo codice di comportamento. È finita la stagione della *swinging society*, quando si predicava il libero amore, e la maggioranza delle donne era favorevole al così detto *casual sex*, agli incontri occasionali. Oggi solo il 24 per cento delle femministe lo considera un fattore positivo per una totale emancipazione. «Per anni si è creduto che il sesso fosse migliore nel letto degli altri; ora non più», dichiara la psicologa Srully Blotink.

Adesso la regola è la prudenza: per San Valentino, festa degli innamorati, fra i doni possibili, c'era una scatola di preservativi, in confezione speciale.

Valerie, protagonista di un apprezzato sceneggiato della NBC, scopre sul comodino del figlio David, nel sacchetto ritirato in farmacia, oltre allo sciroppo per la tosse, una confezione di «condom».

Sorpresa, e il dialogo che segue col ragazzo ha per tema la letizia dell'amplesso e le responsabilità e gli azzardi che comporta. «I tempi sono maturi» dice la psichiatra Willard Gaylin «per riaccendere lo spirito dell'amore romantico: non i cuori o i fiori di stampo vittoriano, ma una moderna concezione di vita che ci permetta di essere intraprendenti ma anche di sognare, di idealizzare e perfino di illuderci.»

Il sentimento va bene, ma intanto ci sono «banche» che offrono alla clientela la possibilità di congelare e conservare il proprio sangue, in un magazzino frigorifero. Se entro tre anni, per un incidente, o per una malattia, dovesse servire, eccolo pronto e sicuro.

Con qualche svantaggio: perché in caso di urgenza, occorrono novanta minuti per scongelarlo, e se sei lontano, il rifornimento tarderà ad arrivare.

Sono tanti i dubbi e le incertezze che l'AIDS suscita: ad esempio, come ci si comporta con un dipendente colpito dal virus? È noto che pochi rischi di trasmissione esistono nell'ambiente di lavoro, non ci si infetta respirando la stessa aria, toccando lo stesso foglio, ma non tutti accettano volentieri di avere la scrivania accanto a quella di un collega colpito da una malattia mortale. Generalmente i timori sono dovuti a mancanza di informazione.

Le cure di un paziente, dal momento della diagnosi al decesso, costano a Los Angeles, che ha l'organizzazione più razionale, 40 mila dollari; negli altri luoghi del paese, 140 mila. Che prezzo paga lo Stato, quale impegno comporta?

E come si presenta il futuro? Dice il *Surgeon general*, il dottor C. Everett Koop: «Se non si riuscirà a mettere a punto un vaccino entro il Duemila, su scala mondiale più di cento milioni di persone potrebbero morire di AIDS».

A San Francisco hanno già pronta la *Coming Home,* il primo residence-ospedale per malati in fase terminale, con quindici posti letto: lì ti accolgono, e con la modica cifra di 140 dollari al giorno, meno di duecentomila lire, ti aiutano e ti assistono finché non chiudi gli occhi.

La capitale mondiale dell'AIDS è in Florida, nell'entroterra di Palm Beach, e ha un nome quasi sconosciuto: Belle Glade. Conta in tutto diciassettemila abitanti, e sulla mappa della cittadina, sono appiccicate trentasette stelline bianche che vogliono dire altrettanti malati, più del doppio, in proporzione, di quelli di New York e di San Francisco.

Perché? La spiegazione più accettabile è l'incredibile degrado: vivono in case di legno, che il vento piega alla sua furia, o in roulotte in disuso, e arrugginite, tra i rifiuti e la sporcizia, sono lavoratori onesti e poveri, che si ammazzano nella stagione dei raccolti, ma uno su tre ricorre all'ago, e molti alle carezze delle prostitute.

Non c'è *privacy* nelle baracche: una coperta o un lenzuolo fa da parete, e nello stesso lavandino si puliscono piatti e bambini. È l'altra faccia dell'America.

Dice Robert Charles Gallo: «L'AIDS è il massimo problema sanitario del XX secolo». Il professor Gallo, originario del Connecticut, è un italoamericano della terza generazione. Non sa una parola della nostra lingua.

Sulla cinquantina, profilo dalle linee forti, capelli bianchi, è sposato con una bella signora di ascendenze tedesco-irlandesi: il nonno di Robert Charles era partito da Rivoli, nei dintorni di Torino, e aveva sposato una calabrese di Catanzaro. Ha due figli, Robert e Marcus, che studiano e giocano al calcio.

Dirige il laboratorio di Biologia della cellula tumorale, al National Cancer Institute, a Bethesda, Maryland. Lavora dieci-dodici ore ogni giorno.

Alberto Mazzuca, che ha avuto modo di frequentarlo, lo descrive come «un carattere molto latino. È emozionale, aggressivo, ha un notevole senso dell'amicizia, è capace di legarsela al dito, ma sa anche essere diplomatico quando occorre».

È il «rivale» di Montagnier, e spesso ha polemizzato con lui. Un esempio: al contrario dei francesi, non esclude dai veicoli pericolosi anche la saliva. Consiglia di non abbandonarsi a quello che gli americani definiscono *heavy kissing*, bacio pesante, ma di fermarsi a quello fuggitivo e leggero.

È stato uno scolaro mediocre, e un buon giocatore di basket. Poi è diventato serio e si è laureato in medicina con lode, e si è specializzato in biologia.

«Perché la ricerca?» dice. «Perché stare in ospedale, a contatto coi malati più gravi, mi procura una sofferenza incredibile. Li vedevo morire giorno dopo giorno senza poter fare praticamente nulla per salvarli, e non li potevo salvare perché la scienza non ti aveva dato la possibilità di guarirli. Poi, se uno vuol far soldi, lo fa in clinica e non in laboratorio.»

Gli ho rivolto le stesse domande che ho proposto a Montagnier. Anche Gallo, come Sabin, ha letto *Cacciatori di microbi* da adolescente, ma non pensa abbia avuto un peso decisivo nella sua vocazione: «Avevo anche uno zio zoologo, e in genere passavo le vacanze d'estate con lui e con la sua famiglia, e stimolò la mia curiosità.

«Mio padre, anche se non aveva studiato metallurgia, fece molti esperimenti nella sua fabbrica, prima e durante la seconda guerra mondiale. Costruì alcune delle prime testate per missili guidati. Io ho vissuto con lui tutte queste prove, e lo vedevo sempre leggere e studiare.

«Poi ho avuto al liceo un insegnante di chimica che era molto bravo e stimolante. E poi una sorella aveva la leucemia, e morì all'età di cinque o sei anni, e io ne avevo tredici o quattordici, e ne rimasi particolarmente impressionato. Questo fatto mi portò a contatto con dottori e ospedali. Per la prima volta vidi medici fare ricerca.

«Al primo anno di università, fui molto spronato da un uomo che aveva scoperto un ormone in grado di coadiuvare la crescita dei globuli rossi nel sangue.

«Tutto questo, e altre cose che non saprò mai, hanno deciso del mio futuro.

«Non ho in mente uno stereotipo di scienziato, ne esistono tipi diversi, come di giornalisti, penso. Certamente occorrono perseveranza e voglia di lavorare duramente; una intelligenza per lo meno, spero, comune, o magari superiore alla media. Entusiasmo per il lavoro. Stima di se stessi. Penso che tutti gli uomini di scienza debbano essere almeno un po' egocentrici. Perché devi avere fiducia in te per pensare di essere in grado di afferrare qualcosa che non è mai stata capita in passato.

«Queste sono alcune delle caratteristiche che mi sembrano essenziali, insieme all'integrità: non credere sempre e immediatamente a tutto quello che fai e ai risultati che raggiungi, se non dopo aver provato e riprovato.

«Mi ha portato sulla via dell'AIDS un lavoro precedente sulla leucemia: appartengono alla stessa famiglia, quella dei retrovirus.

«Anche l'AIDS è una malattia dei linfociti T, e in questo laboratorio si è scoperto un metodo per coltivarli; così abbiamo fatto venire degli esperti, e ci rendevamo conto che l'immunodeficienza era causata da un retrovirus, e lo abbiamo detto nel 1982, molto prima che chiunque altro stesse facendo studi in questo campo.

«È stato un periodo di stress, ma in un senso positivo: sa, si lavora di più quando c'è qualche risultato. C'era un sospetto della presenza di quel retrovirus dal 1982. L'abbiamo proposto. Abbiamo avuto un alone di certezza nell'83, e il gruppo dell'Istituto Pasteur fu coinvolto allora.

«Loro fecero una pubblicazione nel maggio, su una persona non con l'AIDS, ma con ghiandole linfatiche ingrossate, che aveva un retrovirus. Non si provò che quel virus causasse la sindrome; non era possibile, c'era un solo caso. Noi poi dimostrammo che era la causa dell'AIDS quando riuscimmo ad avere una grande quantità di virus isolati, e quando fummo in grado di produrre il virus in massa.

«Quello è stato il successo da un punto di vista tecnologico, perché potevamo generarlo per l'eternità, avevamo una cellula che non moriva.

«Allo stesso tempo abbiamo sviluppato l'esame del sangue; siamo stati noi. Ci furono delle controversie, ma non hanno senso. Il primo esame del sangue specifico a questo virus è stato sviluppato qui. E si ha una certezza vicina al cento per cento.

«Sì, è giusto definire l'AIDS la peste del nostro tempo, per la gravità della malattia. Ma è una cattiva analogia, perché il morbo è da ricondurre a un batterio che si diffonde rapidamente tra la popolazione, e poi scompare; questo non si espande alla svelta, e rimane.

«So qualcosa degli esperimenti che si stanno tentando nello Zaire, ho letto quello che è stato pubblicato, e Daniel Zagury è mio amico. Non sono io che debbo giudicare, ma i cittadini dello Zaire, dato che sono loro che li stanno facendo e su se stessi. Chi ha il diritto in Europa o negli Stati Uniti di stabilire se sono giustificati? Bisognerebbe chiederlo al Ministero della Sanità di laggiù. È una loro decisione, né mia, né sua: noi non dovremmo pronunciare sentenze.

«Anch'io li farei, nelle giuste condizioni: tempo, luogo eccetera. L'unica critica mossa a Zagury è che sono stati condotti segretamente. Ma lui mi ha spiegato che il governo voleva effettuare questi studi silenziosamente, per poi pubblicare i risultati alla fine. Zagury è stato attaccato dalla stampa, soprattutto da quella francese, penso anche per motivi politici. Ma quello che ha fatto, dopo essersi sottoposto per primo alle sue stesse cure, è ragionevole.

«E noi che cosa stiamo combinando? Sotto il profilo scientifico stiamo lavorando duramente al vaccino, in collaborazione con l'industria e con le università, e questo non solo negli Stati Uniti. Stiamo anche analizzando nuovi virus scoperti in Africa centrale. Siamo interessati a forme cancerogene combinate all'AIDS. L'anno scorso abbiamo scoperto una nuova forma di herpes umano; penso sia l'unica individuata negli ultimi vent'anni. Abbiamo il sospetto che sia coinvolta in qualche linfoma che si presenta nell'AIDS: come uccide i linfociti T? Come arriva al cervello e lo danneggia?

«E dove sto andando io? Probabilmente incontro ad altri problemi e ad altre difficoltà.

«Lei vuol sapere che cosa c'è di vero nella storia che l'AIDS possa essere nato in laboratorio. Questa è una domanda stupida. Oh, certo, lo abbiamo creato dall'aria. So che non ci si può aspettare che lei conosca i presupposti scientifici, e perciò forse dovrei mettermi a spiegarglieli. Ma per farla breve una tale affermazione è così ridicola che può venire solo dalla bocca di uno stolto o di un propagandista corrotto, a cui non importa il fatto che queste asserzioni possono portare odio, crimine, assassinii, e Dio sa che cos'altro.

«Qualcuna di queste notizie viene dall'Europa dell'Est. Informazioni del KGB, è evidente, comparse sulle prime pagine dei giornali bulgari, in quelli comunisti dell'India, le ho lette quando ero là.

«Da quando si è scoperta la sequenza delle informazioni genetiche del virus, è ovvio che si tratta di un nuovo fenomeno: non è una miscela di A+B. Per creare qualcosa in laboratorio si deve partire da ben altro. E non c'è mai stato niente del genere, prima, da cui si potesse cominciare. Ci sono delle cose collegate alla lontana a questo virus. Ma solo alla lontana.

«A quando il vaccino? È una domanda a cui non so rispondere. Può essere mai, può essere l'anno prossimo. Se le cose dovessero procedere bene, potrei supporre tra due anni. Se avessero un decorso ottimale, se andasse tutto liscio. Un vaccino esiste quando funziona sulle persone. Per cui potremmo anche non arrivare a trovarlo. Io non saprei come scommettere.»

E quelli che aspettano, che cosa pensano, che dicono?

Victor B., trentanove anni, americano: «Non ho mai potuto pensare alla mia morte. Volevo vivere per sempre. Era semplicemente inconcepibile il non respirare, non sentire i sapori, gli odori, i suoni. Non riuscivo a immaginarmi su una nuvola, con un'arpa in mano e un'aureola in testa. Il mio ex amico mi diceva spesso: “Noi siamo energia, e l’energia non si può distruggere”.

«Ma l’energia non pensa. Non ha sensazioni, non sente gli odori, i sapori. Non può mangiare un hamburger o andare a teatro. La morte è una cosa che non mi sono mai potuta spiegare.»

Helmut, dodici, tedesco: «Mia madre dice che i virus sono entrati nel mio sangue quando ho ricevuto delle trasfusioni, perché sono emofiliaco.

«Gli amici vengono da me assai di rado, perché hanno paura della malattia. Per quasi tre mesi sono rimasto solo in casa, nessun professore voleva darmi lezioni. Non veniva neppure un compagno a giocare.

«Adesso sono tornato a scuola nel pomeriggio, quando non vi sono altri bambini. Un insegnante mi insegna per due ore la matematica, il tedesco e l’inglese. Vorrei tanto che tutti fossero come lui.»

Giovanni, trentuno, italiano: «Lo so che può capitare da un momento all’altro: ma quando al mattino si esce di casa, e passa un’auto incosciente... Io non esco più. Lo sapevano tutti che sono una checca, e io non l’ho mai nascosto. Certo, potevo stare più attento. Ma come dicono: *C’est la vie*. Chi sa se dovrò ancora soffrire molto».

Vincenzo, trentasette, inglese: «Ogni tre mesi, l’esame. Non riesco ad abituarmi. Ogni volta, è un pezzo di vita che se ne va. Era cominciata quasi come uno scherzo: prova anche tu.

Il momento più brutto è quello della barba; ti chiedi di chi è questa faccia? Non ti riconosci. E mia madre che insiste: “Dicevo sempre: che cosa farà questo bel bambino da grande?”».

DOMANDE E RISPOSTE

Che cos'è l'AIDS?

AIDS sta per Acquired Immune Deficiency Syndrome, e significa in italiano sindrome da immunodeficienza acquisita. «Sindrome» è un complesso di malattie e l'AIDS ha questa caratteristica: si manifesta con polmoniti, infezioni intestinali, cerebrali e un tumore raro, il sarcoma di Kaposi. «Immunodeficienza» vuol dire che l'organismo ha poche difese contro le aggressioni virali. E «acquisita» che è un male che non si eredita, ma che lo si prende da altri.

Che cosa provoca la malattia?

A rendere così vulnerabile l'organismo è un virus, o meglio un retrovirus. Lo hanno isolato inizialmente, nel maggio '83, i ricercatori dell'Istituto Pasteur di Parigi (Barré-Sinoussi-Montagnier) e lo chiamarono LAV, Lymphoadenopathy Associated Virus. Poco dopo (ma sui tempi sono sorte subito controversie) l'americano Robert Gallo del National Cancer Institute di Bethesda isolava oltreoceano l'HTLV III, l'Human T Cell Lymphotropic Virus Type

III. Questa definizione rifletteva la convinzione dei ricercatori americani che il virus fosse il rappresentante di un gruppo virale che attacca le cellule T. Il LAV francese e l'HTLV III sono due varianti di un medesimo virus che il Comitato internazionale per la tassonomia dei virus ha ufficialmente definito HIV, Human Immunodeficiency Virus.

Come si comporta il virus una volta entrato nell'organismo?

Il suo bersaglio sono i linfociti T, i globuli bianchi del sangue che gestiscono il sistema immunitario. I linfociti infettati dal virus vengono distrutti. HIV è infatti un retrovirus che si replica all'interno delle cellule utilizzando un enzima, la trascriptasi inversa, e converte il suo RNA in DNA. Una volta integrato il suo materiale genetico in quello della cellula ospite, programma la costruzione di altri componenti virali e il loro assemblaggio. I nuovi retrovirus lasciano la cellula gemmando fuori dalla membrana cellulare e sono così in grado di infettare altri linfociti.

Come si trasmette l'AIDS?

Il virus, presente nello sperma, nei liquidi vaginali e nel sangue, può essere trasmesso con rapporti omosessuali ed eterosessuali (sia dall'uomo alla donna che dalla donna all'uomo). Per gli eterosessuali più alto è il numero dei partner e maggiore è il rischio. Nel caso della trasmissione attraverso il sangue, il virus può entrare direttamente in circolo con trasfusioni di sangue di donatori infetti o con la somministrazione di derivati del sangue, come il fattore ottavo per gli emofilici. Anche lo scambio di aghi e di siringhe infette per iniettarsi droga può trasmettere il virus.

Una madre infetta può trasmettere l'AIDS al figlio che sta per nascere?

Sì. Se una madre è sieropositiva, cioè ha anticorpi anti-HIV, il bambino nascerà sempre sieropositivo. Gli anticorpi al virus possono però essere quelli che gli ha passato la madre durante la gravidanza e scomparire dal suo sangue entro sei-quindici mesi. Se dopo questo periodo scompaiono, allora il bambino è a posto. Ma nel 30 per cento dei casi (sono statistiche europee) questo non succede e il piccolo sieropositivo nel giro di tre-cinque anni rischia di sviluppare la malattia vera e propria.

Il virus dell'AIDS è stato isolato nella saliva e nelle lacrime. Cosa significa?

Non esistono prove che il virus possa essere trasmesso con lacrime o saliva. Se così fosse ci dovrebbero essere casi in cui la malattia è stata trasmessa baciandosi, tossendo, o starnutendo. I contatti casuali, come una stretta di mano, il bere nello stesso bicchiere, l'usare le medesime posate o la stessa toilette non rappresentano un rischio di contagio. Non si conoscono per esempio casi di AIDS provocati dalla convivenza con il malato. Così come non è trasmissibile in ordinarie attività, a scuola o sul posto di lavoro.

È un virus resistente l'HIV?

Fuori del corpo umano dura all'aria solo poche ore, ma in condizioni particolarmente favorevoli anche alcuni giorni. Lo si può distruggere col calore (60 gradi) senza arrivare a bollitura. Ma efficace è anche l'ipoclorito di sodio (candeggina), non troppo diluito con acqua però.

Quali sono i sintomi dell'AIDS?

Non sempre chi è infetto presenta sintomi significativi. Per essere tali devono essere persistenti. Eccone alcuni: senso di affaticamento e spossatezza: linfonodi ingrossati al collo e alle ascelle; insolita perdita di peso; febbre e sudori notturni; tosse insistente; chiazze rosse sulla pelle; macchie biancastre sulla lingua e in bocca; diarrea persistente; stati depressivi e disturbi mentali (il virus dell'AIDS può infettare direttamente il tessuto nervoso centrale e provocare danni neurologici).

Cosa sono le infezioni opportunistiche. E quali sono quelle più comuni nei malati di AIDS?

Si chiamano opportunistiche proprio perché sopravvengono approfittando del fatto che il sistema immunitario è gravemente compromesso e danneggiato dal male. Virus, batteri, funghi, protozoi, e altri microrganismi che normalmente non provocano danni all'organismo se il sistema immunitario riesce a tenerli a bada, diventano una tremenda minaccia e causano infezioni spesso così gravi da portare addirittura alla morte. Tra le infezioni opportunistiche virali c'è l'Herpes simplex, l'Herpes zoster e il Cytomegalovirus. Tra quelle batteriche le salmonelle e il micobatterio della TBC. Tra le micosi, Candida albicans e il Cryptococcus. Tra le infezioni da protozoi quella di Pneumocystis carinii e di Cryptosporidium sono le più diffuse. Il primo provoca una polmonite responsabile almeno dei tre quarti delle morti di malati di AIDS negli Stati Uniti.

Quanto è lunga l'incubazione del virus?

Il periodo può essere di alcuni mesi, in media un anno, ma può anche durare molti anni, fino a quindici. Esattamente non si sa, anche perché il virus è stato isolato solo nel '83. A determinare il manifestarsi del morbo sono le condizioni del sistema immunitario.

C'è qualcosa che facilita la strada al virus una volta che si è impadronito di un organismo?

I fattori che possono trasformare un'infezione da HIV da latente in attiva sono tanti. Possono accelerarla per esempio gli stress immunologici e la concomitanza di altre infezioni, come quelle da Cytomegalovirus, Herpes, Epstein-barr, TBC e sifilide. Ci sono poi mediatori rilasciati da cellule del sistema immunitario, come linfociti e monociti, che facilitano la replicazione del virus condizionando il funzionamento della cellula che lo ospita.

Che cosa significa essere sieropositivo?

Vuol dire che il virus c'è e può essere trasmesso anche se non ci sono sintomi di malattia. Per questo si è diffuso così rapidamente nella prima metà degli anni ottanta: nessuno sapeva che c'era un virus, l'HIV, e tantomeno come veniva trasmesso. Negli ultimi anni, cioè da quando il virus è stato isolato, il 50 per cento dei sieropositivi si è poi ammalato. Ma cosa succederà tra dieci, venti, trent'anni? Non si sa. I dati preliminari di alcuni ricercatori dicono che la maggior parte dei sieropositivi si ammalerà. A meno che non si sia in grado, fra breve, di trovare un sistema per impedire al virus di replicarsi.

Perché l'AIDS è più diffuso in certe parti del mondo che non in altre?

Più della metà dei casi di AIDS conclamata sono concentrati negli Stati Uniti, soprattutto nelle grandi città come New York, San Francisco e Los Angeles dove colpisce principalmente omosessuali e tossicodipendenti. (Cresce la percentuale delle vittime tra le minoranze etniche, neri e ispanici.) Anche in Europa la malattia è confinata nei centri urbani e sono gli stili di vita a determinarne la maggiore o minore diffusione: omosessualità, tossicodipendenza e promiscuità sessuale. Il primato dei casi di AIDS spetta alla Francia, seguono Germania

Federale e Inghilterra. Nel sud Europa (Spagna e Italia soprattutto) il problema della trasmissione del virus è legato alla tossicodipendenza (scambio di siringhe e aghi infetti) e alla prostituzione che si accompagna al mondo dei drogati. A differenza che negli Stati Uniti, però, in Italia la tossicodipendenza non è relegata ai gruppi di emarginazione sociale. Sono aumentati negli ultimi anni i tossico della domenica e gli ex drogati che si sono reinseriti socialmente, entrambi veicoli inconsapevoli del contagio eterosessuale.

E l'Africa? È vero che lì l'AIDS si diffonde soprattutto per via eterosessuale?

Una caratteristica dell'AIDS in Africa è che riguarda al 50 per cento le donne in età fertile e che la trasmissione è eterosessuale. Anche qui il morbo sembra privilegiare le zone urbane o meglio le bidonville dove si ammassano in condizioni igieniche precarie migliaia di persone. Sono associate alla diffusione del virus una serie di fattori come la presenza di infezioni sessualmente trasmesse e la promiscuità sessuale.

Qual è la strada percorsa dal virus? È vero che arriva dall'Africa?

Test eseguiti già nel 1984 su sangue che era stato conservato per anni dimostrano che il virus era presente in Africa centrale all'inizio degli anni settanta e in Africa occidentale addirittura negli anni sessanta. Altri ricercatori hanno trovato tracce del virus dell'AIDS, o comunque di uno simile, in campioni di sangue prelevati nello Zaire nel lontano 1959 e a bambini dell'Alto Volta nel 1963. La presenza dell'AIDS nell'Africa centrale, soprattutto nello Zaire, potrebbe essere confermata dal fatto che qui si registra la più alta percentuale del sarcoma di Kaposi (tipico dei malati di AIDS), un tumore così raro invece nel mondo occidentale. Tra le ipotesi avanzate, ma non provate, è che il virus abbia soggiornato per anni e anni in Africa prima di approdare negli Stati Uniti. E a trasmettere il virus agli africani potrebbero essere stati i cercopitechi verdi. L'STLV III, un virus simile a quello dell'AIDS, è stato infatti isolato in queste scimmie africane.

E Haiti? Gli haitiani, insieme agli omosessuali americani, sono stati fra i primi ad essere colpiti dall'AIDS.

Forse il virus è arrivato ad Haiti dall'Africa, suggeriscono alcuni ricercatori. Verso la metà degli anni sessanta parecchi haitiani hanno vissuto nello Zaire e un'ipotesi verosimile è che di lì gli haitiani abbiano portato il virus a casa loro. E siccome Haiti è sempre stata una meta privilegiata degli omosessuali americani, l'infezione sarebbe stata passata anche a loro. Ma l'ipotesi che avanzano altri studiosi è diversa. Haiti è uno dei luoghi più poveri dell'emisfero occidentale e la prostituzione maschile è diffusa e a buon mercato. L'AIDS potrebbe essere stato portato ad Haiti da gay americani che erano stati in Africa in vacanza. Non esistono prove che ad Haiti esistesse la malattia prima del 1979, anno in cui cominciarono a venir segnalati al Center for Deseases Control di Atlanta, in Georgia, i primi casi di una strana sindrome che colpiva pochi sfortunati omosessuali di New York.

Perché le scimmie si infettano con un virus simile a quello dell'AIDS ma non si ammalano?

I cercopitechi verdi che oggi hanno il virus, l'STLV III, non si ammalano perché nel corso del tempo si sono adattati ad esso. Le altre scimmie della loro specie, quelle che non si sono adattate, sono probabilmente morte. A un certo punto nella storia dell'evoluzione dei virus ci deve essere stata una mutazione, poi altre ancora, fino ad arrivare all'HIV I, che infetta l'uomo. Perché è così diverso da quello di partenza delle scimmie? Perché quando un virus infetta e fa ammalare il sistema immunitario esercita su di lui una pressione selettiva. Per sopravvivere il virus deve adattarsi e cambiare.

È vero che ci sono più virus dell'AIDS?

È stato battezzato HIV II per distinguerlo dal primo. Lo hanno isolato i ricercatori dell'Istituto Pasteur di Parigi in alcuni paesi dell'Africa occidentale (Guinea-Bissau, Senegal, Costa d'Avorio, Mali). È trasmesso con rapporti eterosessuali e, secondo Luc Montagnier, fa ammalare come il primo. Altri ricercatori non sono d'accordo. All'ultima conferenza internazionale sull'AIDS a Washington l'équipe francese ha riportato 17 casi di AIDS provocati dall'infezione di HIV II. Myron Essex, dell'Harvard Medical School di Boston, ha a sua volta isolato un altro virus, sempre in Africa, molto simile a HIV II, l'HTLV IV, che non provocherebbe la malattia.

Quanto è diverso HIV I dall'altro virus e cosa significano le eventuali differenze?

Le variazioni maggiori tra i due virus riguardano l'involucro: solo il 40 per cento delle proteine della superficie dei due virus sono uguali. Ma nonostante le grandi variazioni molecolari i due virus si comportano nello stesso modo nei confronti dei linfociti T, che sono il loro bersaglio, perché utilizzano gli stessi recettori.

Come aggredisce HIV II l'organismo? È uguale o diverso da HIV I?

Il processo di infezione è il medesimo. Oggi si sa che la fissazione del virus è legata a piccole regioni delle proteine dell'involucro. Il fatto che ci siano alcune sequenze uguali sulla superficie dei due virus fa pensare che queste sequenze siano implicate nel meccanismo di aggancio del virus al linfocita T.

Ci possono essere persone infette contemporaneamente da HIV I e HIV II?

È un argomento sul quale si dibatte ancora.

Potrebbero esistere, è vero, persone che risultano doppiamente sieropositive ai test. Ma non esistono ancora prove che ciò significhi che hanno entrambi i virus in corpo. Per ora in Europa non è stato ancora trovato nessun caso sicuro di sieropositività solo verso HIV II.

Come mai l'AIDS è passato dalle categorie a rischio agli eterosessuali?

Uomini con abitudini bisessuali, se infetti, hanno trasmesso il virus a donne con rapporti normali. Tossicomani eterosessuali, contagiati da siringhe contaminate, hanno passato la malattia alle loro partner sessuali. Spesso i tossicodipendenti, sia uomini che donne, si prostituiscono e anche questo può aver facilitato il passaggio del virus alla popolazione eterosessuale. Anche le prostitute infettate da clienti contagiati, possono aver trasmesso a loro volta l'infezione. (A meno che non abbiano usato precauzioni come il preservativo.) Emofilici infettati da emoderivati hanno a loro volta passato il virus a partner femminili. In Africa, in ogni caso, il problema ha sempre riguardato tutta la popolazione, e non si è mai parlato di gruppi a rischio, se non di un rischio legato al sistema immunitario, compromesso da altre malattie che hanno facilitato la strada al virus. Come la malaria, per esempio.

Tra gli eterosessuali sono più a rischio le donne o gli uomini?

Per ora le donne malate di AIDS, fatta eccezione per l'Africa, sono meno numerose degli uomini. I casi che si conoscono nel mondo occidentale sono soprattutto concentrati fra le tossicodipendenti. Ciò non significa che la trasmissione del virus per via vaginale sia meno facile. A influenzare il diffondersi di HIV ci sono senz'altro due fattori: il numero dei partner che una persona – sia maschio che femmina – ha e la prevalenza della malattia nel contesto sociale in cui è sessualmente attiva. Per il momento il virus dell'AIDS è meno diffuso nella popolazione eterosessuale. Perciò anche donne con rapporti promiscui rischiano più difficilmente di incontrare il virus. Man mano però che si diffonderà, il pericolo del contagio attraverso rapporti eterosessuali potrà aumentare.

Una donna sposata che pericoli può correre?

Se è fedele e non ha altri partner oltre al marito, rischia solo se il marito ha contratto il virus altrove. Un'altra via di contagio potrebbe essere una trasfusione di sangue infetto o emoderivati. (Oppure l'aver condiviso con una persona infetta una siringa per via endovena.) Ma il rischio di essere contagiati da una trasfusione è stato quasi azzerato da quando si fa un controllo (o *screening*) dei donatori di sangue. Se invece è sposata e ha rapporti con più partner, le possibilità che incontri, prima o poi, il virus e si infetti aumentano.

Certe forme di sesso sono più pericolose di altre?

I rischi maggiori sono associati a certi particolari tipi di rapporti vaginali e anali. Si sa per esempio che durante il rapporto anale, sia fra omosessuali sia fra un uomo e una donna, se uno dei partner è infetto il virus può più facilmente contagiare l'altro. Di solito infatti i rapporti anali sono più traumatici e quindi aumenta il rischio di abrasioni e di perdita di sangue. Rapporti vaginali violenti comportano maggiori rischi specie se provocano microlacerazioni. Per quanto riguarda i rapporti orali, il pericolo sembra diminuire soprattutto se lo sperma non viene inghiottito. (L'uso del preservativo è una barriera efficace anche contro i rapporti più rischiosi.)

Che pericoli corre un uomo che va con una prostituta?

Non è facile rispondere. Per ora non esistono dati attendibili sul numero delle prostitute infette. Si sa però che soprattutto le tossicodipendenti, spesso contagiate dall'uso promiscuo di siringhe, ricorrono alla prostituzione per comprare la dose di droga. In futuro potrebbero essere loro a diffondere il virus nella popolazione eterosessuale. Questo soprattutto in Spagna, Italia, Francia meridionale dove più alta è la percentuale di tossicomani infetti. In Africa la percentuale delle prostitute contagiate dal virus è altissima ed è soprattutto attraverso loro che l'AIDS si va diffondendo nella popolazione eterosessuale.

Medici e personale sanitario possono essere contagiati dai malati. Qual è il rischio effettivo?

Il rischio c'è, ma è molto basso. Su migliaia di sanitari che in tutto il mondo si sono punti accidentalmente con aghi infetti solo pochi (meno di mezza dozzina) hanno preso l'infezione. E nessuno finora ha sviluppato la malattia. In Italia, dove finora non si sono seguite alla lettera le più semplici precauzioni consigliate dagli esperti (come l'uso di guanti, mascherine, occhiali), si conosce un solo caso di contagio.

Una donna che voglia farsi inseminare artificialmente con sperma di donatore che pericoli corre?

Se il donatore non è stato controllato il rischio è alto. Una donna che voglia farsi fecondare artificialmente dovrebbe oggi richiedere il test sul sangue del donatore. In Australia si conosce il caso di quattro lesbiche che si erano fatte inseminare artificialmente, e che oggi sono sieropositive.

E il trapianto di organi (cornea, rene, ecc.) che rischio di contagio comporta?

In Italia non esiste per ora l'obbligo di un test sul donatore di organi per accertare la presenza di anticorpi al virus dell'AIDS. Si conosce per esempio il caso di un contagio avvenuto attraverso il trapianto di rene e di cornea.

Le trasfusioni di sangue sono rischiose?

In teoria «no» perché i donatori di sangue sono oggi tutti sottoposti al test per la ricerca degli anticorpi anti-HIV (l'Elisa è quello più largamente usato, ma ci sono anche Western Blot ed EIA di solito utilizzati per una conferma al primo). È vero però che oggi non si cercano nel sangue gli anticorpi all'altro virus dell'AIDS, l'HIV II. E questo potrebbe creare problemi in futuro se il nuovo virus, oggi più raro, dovesse diffondersi. Esiste poi un altro rischio potenziale. Tra il momento del contagio, infatti, e la formazione degli anticorpi al virus (in quantità tali da essere rilevati al test) passano anche parecchi mesi (fino a otto) e questo potrebbe far sfuggire sangue infetto allo *screening*. Perciò oggi, quando è possibile prevedere un intervento chirurgico, può essere consigliabile l'autotrasfusione.

Se c'è il sospetto di essere infetti che fare?

Prima di tutto è bene sottoporsi a un test per avere una conferma. Se il test è negativo si può pensare di ripeterlo a distanza di qualche mese. Se è positivo, se ne deve parlare con il proprio medico, con il partner (o i partner), e si deve cambiare stile di vita: niente fumo, niente alcol, dieta sana, attività fisica e riposo. Soprattutto si devono evitare altre infezioni. Se l'equilibrio psichico dovesse entrare in crisi, è meglio cercare l'aiuto di uno psicoterapeuta. Bisognerà evitare di contagiare gli altri usando precauzioni come il preservativo.

Chi deve sottoporsi al test dell'AIDS?

I maschi omosessuali, chi si droga per via endovenosa, chiunque abbia avuto molte trasfusioni o abbia usato emoderivati, e i loro partner sessuali. Anche chi negli ultimi sei anni avesse avuto un'intensa, quanto promiscua, vita sessuale dovrebbe però fare un controllo.

Quanto affidabili sono i test sul sangue?

Finché non ci saranno test capaci di rilevare la presenza nel sangue non degli anticorpi al virus, ma del virus stesso, ci sarà sempre un margine di errore. Un risultato positivo con il test Elisa è consigliabile che venga controllato con un test più sofisticato, come il Western Blot.

Le gammaglobuline che vengono prescritte per proteggere da malattie come l'epatite A che rischi comportano di prendere l' AIDS?

Finora non ci sono stati casi di AIDS causati da gammaglobuline. Le gammaglobuline vengono ricavate da grossi pool di sangue di donatori di solito a pagamento e quindi il rischio che il sangue possa essere infetto è elevato. Il metodo però con cui le gammaglobuline si estraggono dal sangue (il frazionamento ad alcol di Cohn) sembra essere efficace contro il virus e capace di inattivarlo. È capitato che pazienti cui erano state iniettate gammaglobuline fossero poi risultati sieropositivi perché avevano ricevuto gli anticorpi (e non il virus) all'AIDS dei donatori. Gli esperti, in ogni caso, consigliano di prescrivere derivati del sangue con molta cautela e solo quando ce ne sia veramente bisogno.

Si corrono rischi donando sangue?

Dare sangue non può far prendere l' AIDS. Aghi e siringhe per il prelievo sono sterili oppure monouso e perciò non esiste rischio alcuno.

Può una comune vaccinazione trasmettere l'AIDS?

I vaccini contro difterite, tetano, pertosse, febbre tifoide, morbillo non sono estratti dal sangue né da qualsiasi altra fonte che possa essere contaminata dal virus dell'AIDS. Sono quindi assolutamente sicuri. Il vaccino per l'epatite B per ora è un plasmaderivato, cioè è ricavato da uno dei componenti del sangue. Però non sono stati segnalati casi di AIDS trasmesso da questo vaccino che tra non molto sarà prodotto con le tecniche dell'ingegneria genetica e quindi sarà assolutamente «sicuro».

Si corrono rischi dal dentista?

In teoria no. I dentisti sanno che gli strumenti devono essere monouso oppure sterilizzati. Non sempre queste precauzioni vengono prese (lo dimostra il fatto che alcuni dentisti usano ancora il bicchiere di vetro). A vigilare ci sono le associazioni dei medici dentisti, ma ci deve essere anche il paziente.

Piscine, bagni pubblici, parrucchieri, manicure. Quali i rischi?

Impossibile prendere l'AIDS in una piscina o in un bagno pubblico. Il virus viene trasmesso solo dal sangue e dai contatti sessuali. In più nelle piscine il cloro aggiunto all'acqua ne altera l'acidità in modo tale da rendere impossibile la sopravvivenza del virus. I barbieri dovrebbero utilizzare rasoi di tipo usa e getta oppure sterilizzare gli altri. Non c'è ragione di pensare che le forbici possano rappresentare un rischio, anche se una manicure dovrebbe sterilizzarle. Gli strumenti usati per l'elettrolisi che penetrano nella pelle andrebbero sterilizzati.

È vero che la puntura di una zanzara può trasmettere l'AIDS?

Si tratta di un rischio teorico. In Africa, dove è molto diffusa la malaria, una malattia trasmessa dalle zanzare, non si è notato un aumento di casi di AIDS fra i bambini o gli anziani per i quali avrebbe potuto costituire un veicolo di trasmissione. Ricercatori americani hanno nutrito zanzare con sangue infetto e sono riusciti a far sopravvivere il virus. Ma il loro esperimento, sostengono altri esperti (fra i quali Robert Gallo), non prova niente.

Si può prendere l'AIDS facendosi forare le orecchie?

No, se gli strumenti usati per praticare i fori sono stati sterilizzati oppure sono del tipo usa e getta.

E l'agopuntura?

Se gli aghi sono usati su più pazienti e non vengono sterilizzati il rischio c'è. Per questo oggi molti agopuntori consegnano al paziente un kit personale di aghi che saranno usati solo su di lui.

Cosa può fare un «single» eterosessuale – uomo o donna – per ridurre i rischi di contagio?

I ricercatori americani consigliano di ridurre il numero dei partner sessuali e di usare il preservativo. Per ora tra gli eterosessuali la malattia non è molto diffusa. Il contagio avviene, ma le probabilità d'incontrare un eterosessuale sieropositivo sono ancora basse.

Si può intervenire sul sistema immunitario per aiutare l'organismo a combattere il virus dell'AIDS?

Per aiutare il sistema immunitario a difendersi da solo si potrebbero somministrare immunostimolanti, approfittando della lunga incubazione della malattia. Ma non è possibile e consigliabile farlo in tutti i casi. Gli immunostimolanti potrebbero rivelarsi infatti controproducenti perché si sa che il virus si moltiplica con il moltiplicarsi dei linfociti T (cosa che avviene quando questi vengono attivati da certi immunostimolanti). Aumentando il numero dei linfociti si aumenta anche quello dei linfociti infettati e infettabili. Perciò stimolare il sistema immunitario potrebbe essere rischioso. I sistemi naturali per rinforzare le difese immunitarie dell'organismo sono una dieta sana (pochi grassi e proteine animali e tanti cibi freschi come frutta e verdure crude) e una vita regolare.

Quanto è vicino il vaccino per l'AIDS?

Se tra i candidati allo studio (almeno sei) ce ne fosse uno efficace ci vorrebbero ancora cinque anni prima che possa essere usato. Solo da poco tempo sono cominciate le sperimentazioni sull'uomo (tutti volontari) e proprio perché l'incubazione della malattia è lunga ci vorranno anni prima di sapere se il vaccino protegge veramente dall'infezione.

Quali sono le tecniche usate per il vaccino?

Una cosa su cui tutti gli esperti sembrano d'accordo è che nel caso dell'AIDS sarebbe troppo rischioso usare il virus attenuato, come si fa per la grande maggioranza dei vaccini, dal morbillo alla poliomielite. Per ora i ricercatori puntano soprattutto sulle tecniche dell'ingegneria genetica, usando frammenti innocui del DNA del virus: qualcuno usa i geni che codificano per il nucleo e altri quelli che codificano per le proteine del suo involucro. C'è chi punta invece su una controfigura del virus che si chiama «idiotipo». In pratica è un vaccino che produce anticorpi contro il virus utilizzando alcune proprietà delle immunoglobuline specifiche contro l'AIDS.

Su chi andrebbe sperimentato il vaccino?

Provare sugli scimpanzé serve solo a dimostrare che il vaccino è innocuo, ma non che è efficace. Nello scimpanzé, infatti, anche se infettato dal virus, non si sviluppa la malattia. Quindi non è un modello perfetto. Circa la sperimentazione sull'uomo le teorie sono due. C'è chi dice che bisogna provarlo sulle categorie a rischio, come gli omosessuali. E chi invece sostiene che si deve sperimentarlo su eterosessuali non a rischio. Negli omosessuali c'è la possibilità che i risultati siano inquinati da interferenze estranee al vaccino, come la maggiore incidenza di infezioni. D'altra parte le categorie non a rischio non sono un campione adatto a verificare la risposta immunitaria in generale.

Esistono test che permettono di capire se c'è una predisposizione a contrarre l'AIDS?

Per il momento no, ma può darsi che sarà possibile in futuro. Si è scoperto per esempio di recente che nel materiale genetico di ognuno si può leggere la predisposizione a sviluppare malattie come il cancro oppure malattie neurologiche come Alzheimer e Huntington. Perché non l'AIDS? È stato già riscontrato che il sieropositivo portatore di certi geni sviluppa più in fretta l'AIDS di quelli che invece non li hanno.

Come agiscono i farmaci usati contro HIV?

Allo stato attuale non esistono terapie capaci di snidare il virus dalle cellule infette quando non è in fase di replicazione. Se il virus è dormiente, cioè non è attivo, non ci sono armi. Se invece l'HIV è in fase di replicazione, AZT, o azidotimidina (l'unico farmaco antivirale commercializzato per ora solo negli Stati Uniti, in Francia e Inghilterra) riesce a impedire la trascriptasi inversa, la fase in cui il virus traduce il suo RNA in DNA per potersi inserire nel patrimonio genetico del linfocita e utilizzarlo per replicarsi. AZT è però molto tossico oltre che costoso: una terapia di un anno va dai diecimila ai dodicimila dollari.

Quali altri farmaci allo studio?

La Ribavirina, una sostanza che sembra impedire al virus, una volta replicatosi, di rivestirsi del suo involucro di proteine per essere pronto a uscire dalla cellula e invaderne un'altra, è tra gli antivirali dei più sperimentati. In alcuni studi clinici ha dato buoni risultati. Rispetto ad AZT ha il vantaggio di costare molto meno. Altri esperimenti clinici sono in corso con Al-721, una sostanza che modifica la capsula di proteine che ricopre il virus dell'AIDS e gli impedisce di agganciarsi al linfocita e di infettarlo. I risultati ottenuti con Al-721 non sono univoci.

INDICE DEI NOMI

INDICE GENERALE

OSCAR BESTSELLERS

Follett, Il codice Rebecca
Bao Lord, Luna di primavera
Goldoni L., Se torno a nascere
Van Slyke, Il posto dell'amore
Smith W., L'orma del califfo
Freeman, Il vento della vita
Robbins H., Gli eredi
Bevilacqua, La Califfa
Follett, L'uomo di Pietroburgo
Wallach, Domina
Ludlum, Il treno di Salonicco
Sheldon, Uno straniero allo specchio
Taylor Bradford, Una vera donna
Cruz Smith, Gorky Park
Krantz, La figlia di Mistral
García Márquez, Cronaca di una morte annunciata
Steel, Fine dell'estate
Suyin, Fin che verrà il mattino
Robbins H., L'incantatore
Forsyth, Il giorno dello sciacallo
Fruttero & Lucentini, La donna della domenica
Follett, Triplo
Follett, La cruna dell'ago
Sheldon, Il volto nudo
Robbins, Goodbye, Janette
Freeman, Non è tempo di lacrime
Kaye, Padiglioni lontani
Smith W., Il destino del leone
Van Slyke, La negra bianca
Robbins, L'uomo che non sapeva amare
Tacconi, La verità perduta
Sheldon, L'altra faccia di mezzanotte
Goldoni L., Lei m'insegna
Fruttero & Lucentini, Il palio delle contrade morte
Ludlum, Striscia di cuoio
Smith W., Come il mare
Conran, Segreti
Smith W., Sulla rotta degli squali
Follett, Sulle ali delle aquile
Kaye, Vento dell'Est
Krantz, Princess Daisy
Biagi, Mille camere
Wallace I., L'onnipotente
Guest, Gente senza storia
Forsyth, Il quarto protocollo
Goldoni L., Viaggio in provincia
De Crescenzo, Così parlò Bellavista
Forsyth, L'alternativa del diavolo
Robbins, Ricordi di un altro giorno
Forsyth, Dossier Odessa

Smith, Gli eredi dell'Eden
Freeman, Ritratti
Robbins, I mercanti di sogni
Lapierre – Collins, Il quinto cavaliere
Hailey, Aeroporto
Forsyth, I mastini della guerra
Salvalaggio, Villa Mimosa
McMurtry, Voglia di tenerezza
Van Slyke, Una donna necessaria
Freeman, Illusioni d'amore
Bevilacqua, Il curioso delle donne
Goldoni L., Colgo l'occasione
Ludlum, L'eredità Scarlatti
Steel Danielle, Due mondi due amori
West, La salamandra
Collins, Fortitude
Agnelli S., Vestivamo alla marinara
Condon, L'onore dei Prizzi
Smith, Una vena d'odio
Biagi, Senza dire arrivederci
Fruttero & Lucentini, A che punto è la notte
Conran, Segreti II
Lapierre – Collins, "Parigi brucia?"
Mason, Il mondo di Suzie Wong
Puzo, Il padrino
Steel, Stagione di passione
Higgins, Il tocco del diavolo
Steel, Una perfetta sconosciuta
Clavell, La Nobil Casa
Sulitzer Paul-Loup, Il re verde
Van Slyke, I visitatori devono farsi annunciare
Steel, Un amore così raro
Lapierre – Collins, Gerusalemme! Gerusalemme!
Tacconi, Lo schiavo Hanis
Lipper, Wall Street
Puzo, Il Siciliano
De Crescenzo, Storia della filosofia greca - I
Smith, Un'aquila nel cielo
Parma, Sotto il vestito niente
Le Carré, La spia che venne dal freddo
Smith, La spiaggia infuocata
Robbins, L'immortale
Slaughter, Affinché nessuno muoia
Puzo, Mamma Lucia
De Crescenzo, Storia della filosofia greca - II
Bradley, Le nebbie di Avalon
Lapierre – Collins, Alle cinque della sera
Goldoni L., Esclusi i presenti

32168
1989

Bestsellers Oscar Mondadori
Periodico mensile: suppl. al n. di maggio 1989
Registr. Trib. di Milano n. 406 dell'8-8-1983
Direttore responsabile: Alcide Paolini
Spedizione abbonamento postale a T.E.
Aut. n. 15411/2/LL del 29-2-1978 - Dirpostel Verona
OSC